JN042596

宗教を「信じる」とは どういうことか

石川明人 Ishikawa Akito

★──ちくまプリマー新書

415

目次 ＊ Contents

第一章

凡例

・聖書からの引用文は、すべて日本聖書協会『聖書　新共同訳』によります。
・聖書の引用箇所を示す表記は次のようにしています。
〔例〕マタイによる福音書10：16
この場合「マタイによる福音書」の一〇章一六節を指します。

はじめに

信じる者は救われる？

「信じる者は救われる」という言葉があります。

これはキリスト教における言い回しだとされることが多いようですが、聖書のなかには、そのものずばり「信じる者は救われる」という一文はありません。ただし、次のような文章は確かにあります。

・「信じて洗礼を受ける者は救われるが、信じない者は滅びの宣告を受ける」
（マルコによる福音書16：16）
・「主イエスを信じなさい。そうすれば、あなたも家族も救われます」
（使徒言行録16：31）
・「口でイエスは主であると公に言い表し、心で神がイエスを死者の中から復活させられたと信じるなら、あなたは救われる」

（ローマの信徒への手紙10：9）

「信じる者は救われる」というフレーズは、これらを縮めた言い回しとして定着したのかもしれません。あるいは、讃美歌《さんびか》の歌詞や、牧師や司祭たちによる口頭での宣教から広まったのかもしれません。いずれにしても、多くの人は「宗教」というと、すなわち「何かを信じること」だと考えるのではないかと思います。「信者」とか「信仰」とか「入信」のように、宗教に関連する言葉の多くには「信」の文字が含まれます。日本国憲法の宗教に関する条文（第二〇条）でも「信教」という言葉が使われています。

しかし、そもそも、宗教における「信じる」とはどういう行為のことを言っているのでしょうか。これは、よく考えると、難しい問いだと思います。というのも、「信じる」という行為それ自体はごくありふれたものであり、私たちは毎日いろいろな物事を「信じ」て生きているからです。「何かを信じること」がすべて宗教というわけではありません。

宗教以外にも「信じ」ていること

例えば、私たちは、富士山の高さは三七七六メートルであることを知っていますし、月の重力は地球の重力の六分の一であることを知っています。しかし、それは私たちが自分で測量したり計算したりして確かめたからではありません。私たちはそれらについて「知っている」と思っていますが、実際には、教科書に書いてあることや、学校の先生の言っていることを「信じている」だけです。

美術館に行ってピカソやゴッホが描いた絵を見るときも、普通の人は、壁にかけられたその絵を贋作《がんさく》ではなくて本物であると「信じ」たうえで眺めるでしょう。名前を知らない画家の絵についても、美術館に展示されている以上はそれなりに価値があるのだろうと「信じ」て眺めるのではないかと思います。世の中にはブランド品が好きな人がいますが、そうした人たちも、あるブランドのバッグや服を身に着けることはかっこいいことなのだと「信じ」ているからこそ、特定のロゴの入ったバッグや服などに大金を払っているのかもしれません。

貨幣というのも、それ自体は単に数字や絵が印刷された紙、もしくは刻印のある金属に過ぎません。しかし、お金持ちもそうでない人も、貨幣というものの価値や有効性を「信じ」ています。自分ではいちいち計算をしなくても、キャッシュレス決済やネットバンキングで表示される数字は正しいと「信じ」ています。この世の中で簡単に大金を稼げるはずなどありませんが、それでもけっこう多くの人が、あるセミナーに参加してビジネスのコツを学べば、自分だけはうまく稼げるようになるだろうと「信じ」て受講料を払い、講師の話に耳を傾けたりします。

「心」とか「魂」とか「自由意志」というのは、目や手や計測機器でその存在を確認できるものではありません。しかし、私たちは現実生活においては、人間にはそうしたものが「存在する」という前提のもとで、周囲の人々とコミュニケーションをとります。心や魂や自由意志があるからこそ、すべての人間には人権があると「信じ」て、また行為には責任が伴うのだと「信じ」て、それを前提に社会のルールを作り、誰かを称賛したり、愛したり、あるいは憎んだりします。友人関係や恋人関係にある人々は互いに「信じ」合っているわけですし、結婚という行為も、つまりはこの人と一緒になったら幸せになれるだろうと「信じる」からするのだとも言えそうです。

要するに、私たちは普段の生活でいろいろなことを「信じ」て生きています。「信じる」ということをしないと、効率的に何かを勉強したり、修得したりすることはできませんし、仕事をすることもできませんし、人間関係を維持することもできません。「俺は宗教なんて信じない」「神がいるというなら証拠を見せろ」とおっしゃる方も、同僚の噂《うわさ》話とか、芸能人のゴシップとか、儲《もう》け話とか、成功の秘訣《ひけつ》といった類いの話は、けっこうあっさりと信じてしまうのではないでしょうか。私たちは、面倒くさくて「信じたくないもの」はなかなか信じませんが、興味があって「信じたいもの」は簡単に信じてしまうものです。

さまざまなことを「信じる」ことによって、私たちは何かを学んだり、教えたり、仕事に成功したり、失敗したり、誰かを愛したり、傷つけたりします。何かを「信じる」ことによって、私たちは勇敢になったり、正義を振りかざしたり、あるいは何かを恐れたり、怒ったり、笑ったり、悲しんだりして、一生を送っているのです。人間の「信じる」という行動は、よく考えるとなかなか不思議なものですが、それ自体はけっこうありふれたものでもありまして、少なくとも宗教に限った話ではありません。

本書の狙い

さて、では「宗教」における「信じる」とは、いったいどういう行為のことを言うのでしょうか。「信じている」と言っている人は本当に信じていて、「信じていない」と言う人は本当に信じていない、と信じていいのでしょうか。神などを「信じ」たら、人は心安らかに暮らせるのでしょうか。「信じる」とは、つまりは思考の停止ということにはならないのでしょうか。そもそも宗教は「信じる」か「信じない」かという完全な二択の世界だと考えていいのでしょうか……。本書では、この「信じる」という言葉の意味や、その行為の曖昧《あいまい》さについて問いながら、宗教という人間ならではの不思議な営みについて考えていきたいと思います。

ただし、ここでは「宗教」という文化を理解できるようになって、すっきりしていただくことを目指しているわけではありません。むしろ、宗教という営みの「わからなさ」、あるいは「捉えがたさ」にあらためて気付いていただくことを目指しています。宗教というのは、人間に特有の営みであり、良くも悪くも人間の人間らしいところが凝縮してあらわれている文化です。本書では、宗教という営みの「わからなさ」を窓にして、信徒のみならず、無神論者や無宗教者をも含めた「人間」全般に普遍的な、矛盾と限界、あるいは悲しみと希望を見つめていくことを、究極的な狙いとしています。

ところで、宗教全般を視野に入れて論じようとするうえでも、議論の過程では何かしら具体的な宗教を念頭におく必要があります。「スポーツ」という名の競技はないように、「宗教」という名の宗教は存在しません。具体例を挙げないと、ひどく抽象的な議論になってしまい、わかりにくくなってしまいます。そこで、すでに冒頭で聖書の言葉を紹介しましたように、本書ではキリスト教を例として挙げることが多くなります。決してキリスト教だけにこだわるつもりはありませんが、それは世界最大の宗教であり、事例や議論の歴史が豊富にあるので、例としては便利だからです。

私自身もキリスト教徒ですが、ここではその宗教を擁護したりその思想を代弁したりするつもりはありません。また本書をお読みいただくうえでは、専門的な予備知識は必要ないようにしました。ここでは、なるべく素直に、平易な言葉で、シンプルな疑問と向き合っていきたいと考えています。

第一章

そもそも「信じる」とは、どういう行為なのか

現代人は本当に宗教を「信じていない」のか

これまで、現代日本人の宗教と信仰に関しては、さまざまなアンケート調査がなされてきました。いま、どのくらいの日本人が宗教を「信じ」ている／いないのでしょうか。

統計結果には、各調査（省庁、ＮＨＫ、大学、世論調査会社などによる）によって、それぞれ若干の違いはあります。ここで厳密な数字を示すことは困難ですが、さしあたりの目安としては、現在特に何も宗教を信じていない人は全体の六〇～七〇％をしめ、自覚的な無神論者も約三〇％にのぼるようです。こうした数字を見ますと、日本は無宗教・無神論の人がとても多い国であるような印象を受けます。ところが、実際の日本人の多くは、当たり前のように宗教的な冠婚葬祭の儀礼を行っていますし、ときには神社仏閣巡りもします。特に正月には、人々は初詣と称して全国各地の宗教施設に押し寄せます。普段も、占いや開運グッズなどに関心をもつ人は少なくありませんし、何かをする際に、縁起が良いとか悪いとか言ったりもします。では、日本人は本当に宗教を「信じていない」のでしょうか。それとも、実は宗教を「信じている」のでしょうか。

「信じている」のか「信じていない」のか、という判別の難しさは、日本人に限った話ではありません。ヨーロッパではこれまでキリスト教が圧倒的な影響力を持ってきましたが、二〇世紀半ばから、礼拝出席率は低下の一途をたどっています。そうしたデータだけを見れば、ヨーロッパの人々も宗教から離れていっているように見えます。しかし、教会には通わないけれどもキリスト教的伝統には一定の信頼を寄せている人は依然として多くいます。ほとんど教会には行かないし、毎日神に祈っているわけではないけれども、聖書に記されている基本的メッセージを自らの人生の指針としている、という人は今でも決して少なくないようです。つまり、「教会離れ」がすなわち無神論や無宗教とイコールになるというわけではありません。

よくわからない「信仰」という言葉

これまで宗教学者たちは、こうした傾向をどのように理解すべきか、さまざまに議論してきました。ある宗教学者は、日常的に心から信じているわけではないけれどもゆるやかな情緒や関心から伝統的宗教と関わり続けることを、「信仰のない宗教」と表現しました。また別の宗教学者は、特定の宗教団体には所属しないけれども広い意味での宗教的関心はあるといった状態のことを指して「所属なき信仰」と呼びました。また逆に、厳密な意味での信仰的動機ではなく、もっぱら音楽や歌などと関わることを求めて教会とつながり続けるなどのあり方を指して「信仰なき所属」と呼んだ人もいます。

岡本亮輔は『宗教と日本人――葬式仏教からスピリチュアル文化まで』という優れた現代宗教論のなかで、これらの議論を紹介しながら、日本人と宗教の関係を捉えるには「信仰なき実践」や「信仰なき所属」が鍵となる、と指摘しています。彼は、宗教を信仰・実践・所属という三要素に分解する視座を採用し、例えば葬式仏教を「信仰なき実践」、神社は「信仰なき所属」、そしてスピリチュアル文化については「所属なき私的信仰と実践」として特徴づけました。

ところで、そもそもこうした議論における「信仰」とは、いったいどういう行為や姿勢のことを指しているのでしょうか。しばしば、「宗教」という言葉の定義は宗教学者の数だけあるなどとも言われますが、「信仰」という言葉も決して自明なものではありません。「宗教」が非常に曖昧《あいまい》な概念であるように、「信仰」もかなり曖昧な概念です。「信仰」とは、要するに「信じること」だという理解でいいのでしょうか。では、「信じる」とは、いったいどういう意味なのでしょうか。すでに本書の「はじめに」で、「信じる」という行為それ自体は、何も宗教に限ったものではない、と述べました。この点について、もう少しじっくり考えてみましょう。

「信じる」という動詞のさまざまな使われ方

「信じる」という動詞の用例には、「神を信じる」「仏教を信じる」「民主主義を信じる」のように、宗教や思想、信条などを対象にしたものが含まれます。しかし、「信じる」と似た意味を持つ言葉は、他にもいくつかあります。例えば「信頼する」「信用する」「信仰する」などです。「信頼する」「信用する」の場合は、「部下を信頼する」とか「弁護士を信用する」、あるいは「政府を信頼する」「会社を信用する」のように、対象が人間や人間による組織などについて使われる場合が多いようです。もちろん他にも、「その航空機の安全性は信頼できる」とか「その本に書かれていることは信用できる」のように、物や情報などに対して使われることもあります。

一方、「信仰する」という言葉は、宗教に関して用いられる場合がほとんどです。ただし、キリスト教徒のあいだでは、文脈によっては「神を信頼する」という言い方もなされます。日本語訳の新約聖書で「信仰」と訳されている元のギリシア語は「ピスティス」ですが、それには「信頼」という意味もあります。「信頼する」も「信用する」も「信仰する」も、いずれも「信じる」という言葉で代替することが可能な場合が多いと思われます。しかし、「信じる」の方は、必ずしもそれらと置き換えられるとは限りません。日本語の「信じる」という動詞は、わりと多様な使われ方をするからです。

例えば、「遭難者の無事を信じる」「チームの勝利を信じる」「正しい判決が下されると信じる」のように、「信じる」という動詞は何らかの意味での「願望」を語る際にも使われます。また、「宝くじで三億円が当たったなんて信じられない!」とか、「そんなひどいことを言うなんて信じられない!」のように、感情表現に「信じられない」という言葉が使われることもあります。これらの場合の「信じる・信じない」は、「信用する・しない」「信頼する・しない」などと置き換えることはできません。さらにまた、ヤクザの親分が子分たちを前にして、低い声で睨《にら》みをきかせながら「俺はお前らのことを信じているぞ」と言う場面などを想像してみましょう。この場合の「信じているぞ」は、立場が上の者が下の者に対して「俺の言うことに従え」というメッセージを威圧的に伝えるために使われています。こうした意味での「信じる」でしたら、人間が神さまに対して言うのではなく、むしろ神さまが人間に対して言う方がしっくりくるかもしれません。

このように、「信じる」という言葉は意外と広い意味を持ち、実際にはとても柔軟な使われ方をしているように観察されます。私は日本語学の専門家ではありませんので、この「信じる」という動詞について、あまり込み入った議論はできません。でも、このように、ざっと見ただけでも、「信じる」という言葉が意味しているものは、普段思っている以上に複雑といいますか、曖昧といいますか、はっきりと捉えることが難しいものなのではないかと思うのです。

正しいことは、わざわざ「信じ」なくてよいのでは

私が日本語の「信じる」という動詞の意味が難しいと感じるのは、このようにその言葉の用いられる文脈が多様であることに加えて、素朴に「そもそも正しいものについては信じる必要がないのではないか」とも思ってしまうからです。簡単に言いますと、次のような意味です。

一般に、何かを「信じる」と言うときは、その対象や事柄を「正しい」と判断しているという意味で使われることも多いと思います。「私はAさんよりもBさんを信じる」と言う時は、すなわち「私はBさんの方が正しいと考えている」という意味になります。しかし、本当にどう考えても正しいものについては、それを「信じ」る必要はないはずです。例えば、

目の前で火が燃えていたら、「火が燃えている」と言えば十分で、わざわざ「火が燃えていると信じる」と言う人はいません。三角形の内角の和は二直角であるとか、平行する二直線は交わらないということも、それらは「正しい」ので、わざわざ「信じ」る必要はありません。明らかに正しいことは、信じなくていいのです。

では、「正しいことは信じる必要がない」といたしますと、「私は神を信じる」のように、あえて「信じる」と口に出すことは奇妙であるようにも思えます。本当に心から「神が存在する」と考えているのならば、わざわざ「信じる」と口に出す必要がないからです。ひょっとしたら神などいないという可能性もあることを内心では認めていて、神の存在に十分な自信は持てないからこそ、「信じる」と口にしているのでしょうか。

そういう場合もあるかもしれませんが、すべてがそうであるとも限りません。私たちはある事柄について、それが正しいことや真理であることを微塵《みじん》も疑ってはいないけれども、客観的に証明するのは難しいことや、証明はできないけれども疑う必然性や理由が思いつかない事柄については、「信じる」と表現するしかないからです。私たちは、愛、正義、平和などを尊重することの理由を、いちいち合理的に説明することはしません。しかし、それにもかかわらず多くの人々がそれらの価値を自明だと考えているという状況は、つまりは「信じている」ということになるのではないでしょうか。宗教・信仰に関しても、客観的にはその真理性や妥当性を証明できない事柄ですから、やはり「信じる」という表現を用いるしかないのかもしれません。

そもそも何を信じているのか

例えばキリスト教徒たちは、具体的にはいったい何を「信じ」ているのでしょうか。この問いに対しては、とりあえずは「使徒信条」を参照すると話が早いかと思います。「使徒信条」というのは、日曜の礼拝ですべての信徒が声を揃《そろ》えて唱えるものです。信徒であれば小学生でも暗唱しているくらいのもので、全文は次の通りです。

「我は天地の造り主、全能の父なる神を信ず。我はその独り子、我らの主、イエス・キリストを信ず。主は聖霊によりてやどり、処女《をとめ》マリヤより生れ、ポンテオ・ピラトのもとに苦しみを受け、十字架につけられ、死にて葬られ、陰府《よみ》にくだり、三日目に死人のうちよりよみがへり、天に昇り、全能の父なる神の右に坐《ざ》したまへり、かしこより来りて、生ける者と死ねる者とを審《さば》きたまはん。我は聖霊を信ず、聖なる公同の教会、聖徒の交はり、罪の赦《ゆる》し、身体のよみがへり、永遠《とこしへ》の生命《いのち》を信ず。アーメン」

これは要するに、キリスト教徒が「信じ」ている事柄を要約した文章です。一読しておわかりの通り、ここでは、「○○を信じます」というフレーズが繰り返されています。これらの「信じ」ている内容そのものについては、科学的・合理的には検証のしようがありませんので、今ここではそれらについては問題にいたしません。しかし、信じているその内容についてではなく、皆でそろって「○○を信じます」と口に出す行為そのものついて考えてみますと、やはりどうしても気になることがあります。というのは、「信じます」とわざわざ口に出す行為に固執すること自体が、そもそもの前提として、実は「疑う」という選択肢が頭の中にあるからではないか、という推測もやはり捨てきれないからです。

本当に信じていたら、むしろ「信じている」と言わなくなるのでは

一般に、人は、本当に心から何かを信じきっていたら、「疑う」という発想自体がなくなるので、実際には「信じます」とか「信じましょう」という言葉は口から出てこなくなるものではないでしょうか。私たちは、心から何かを信じていれば、ただ信じているその事柄を前提に、考えたり行動したりするだけになるものです。逆説的な言い方になりますが、「信じている」という自覚さえなくなったときに、ようやくその人は本当の意味で「信じている」ということになる、と言ってもいいでしょう。

例えば、わざわざ現金を手にして「私はこれら貨幣の価値を信じています」と口に出す人はいません。なぜなら、ほぼ全ての日本人は貨幣の価値を本当に信じきっているからです。ルーブル美術館に行ってモナ・リザを指差し、わざわざ「私はこれを本物だと信じます」と口に出す観光客もまずいません。なぜなら、誰もがそれを本物だと信じきっているからです。めでたく大学入試に合格した青年に対して、友人や家族が「私たちは君がカンニングなんかせず、正々堂々と試験を受けたのだと信じているよ」なんてわざわざ言ったら、その青年はひどく傷つくでしょう。「信じている」と言われたことで、かえって「疑われている」と感じるからです。

本当に何かを信じ切っている人にとっては、自分自身のその「信じる」という行為は透明になって見えなくなるはずです。「私は○○を信じています」と自覚し、そう口に出すのは、疑う余地もありうることや、実は十分には信じきれていないことの暗示になってしまう場合もあるように思います。そうした意味で、私は信徒たちが「○○を信じます」とわざわざ口に出すことに、そこはかとない違和感を覚えることもあるというわけです。

ただし、次のように考えれば、違和感はなくなるかもしれません。すなわち、信徒たちはこの「使徒信条」やその他における「○○を信じます」という言葉を、実は神さまに対して言っているのではなくて、あくまでも教会の仲間たちに対して言っている、というふうに捉えるのです。神さまに対して「信じています」と言っているのではなく、教会の仲間同士で「私は神を信じているけれど、あなたも信じていますよね」「私たち、同じものを信じていますよね」と互いに確認し合って、宗教団体としての連帯を意識し、団結を強めることが真の狙いなのかもしれません。もしそうだとするならば、こうした「○○を信じます」という定型文を作って、皆で一緒にそれを口に出して唱えることの意義もよくわかります。

「信じています」と言えば信者なのか

しかし、また別の疑問も生じてきます。それは、ある宗教について誰かが「私は信じます」と自己申告をしたとしても、他人にはなかなかその真偽や程度を確かめることができない、という問題です。

イエスが十字架にかけられて死んで以降、キリスト教徒はものすごいハイペースで増えていきました。新約聖書の「使徒言行録」二章四一節には、人々はペトロの言葉を聴いて、洗礼を受け、「その日に三千人ほどが仲間に加わった」とも書かれています。一六世紀末の日本でも、ザビエルがやって来てからのわずか数十年で何十万人というキリスト教徒が誕生しました。宣教師が一日で何百人にも洗礼を授けた、という話も残っています。しかし、そういった人たちは、そもそも、キリスト教というのがどのような宗教であるのか、その教義や信仰内容はどのようなもので、何を「信じ」るものなのか、本当にきちんと理解できていたのでしょうか。一六〜一七世紀にかけての日本では、まだ日本語訳の聖書は流通していませんでしたし、神学や教会史を学ぶ機会もほとんどありませんでした。日本語のつたない宣教師の説教くらいしか、その宗教について知る手がかりはありませんでした。では、彼らはいったい何を「信じ」たのでしょうか。とても不思議です。

日本だけの話ではありません。ヨーロッパでは長い間、一般人の読めないラテン語訳聖書が使われていましたし、印刷機が発展する以前は聖書そのものが貴重品で、一般の信徒一人ひとりが聖書を所有して自宅でそれを読むことなどありませんでした。各国語訳の聖書が簡単に手に入る現代においてさえ、洗礼を受ける時点であの分厚い旧新約聖書をしっかり通読していたという人は稀《まれ》でしょう。信徒になって一〇年がたっても、「三位一体《さんみいったい》」や「贖罪《しょくざい》」

などの概念について正確に説明できる人は、実際にはけっこう少ないと思います。

また、今でもいくつかの教派には「幼児洗礼」といって、赤ん坊や子供にも洗礼を授けることがあります。そうした子供たちは、自分はその宗教の教義をちゃんとわかっていない、ということさえよくわかっていません。しかし、それでも「信徒」にカウントされます。では、いったい「信徒である」とか「信仰をもつ」とはどういうことを指すのでしょうか。何を「信じ」ているのかさえよく知らなくても、とにかく自分は信徒だと称したり、この赤ん坊は信徒だと主張したりしさえすれば「信仰」があることになるのだといたしますと、それはけっこういいかげんであるようにも思えてしまいます。「信じています」とか「信仰をもっています」という自己申告そのものにどんな意味があるのかについても、よく考えてみる必要がありそうです。

キリスト教徒は、本当に聖書を「信じ」ているのか

キリスト教信仰においては、まず聖書の権威を「信じ」て、そしてそこに書かれている内容も正しいと「信じ」ることが大前提となります。しかし、キリスト教徒は聖書に書かれていることを本当にすべて「信じ」ているのでしょうか。実際の信徒たちを見ていると、はっ

きり言って、そのようには見えません。

例えば、新約聖書の「コリントの信徒への手紙一」の一一章には、「男はだれでも祈ったり、預言したりする際に、頭に物をかぶるなら、自分の頭を侮辱することになります。女はだれでも祈ったり、預言したりする際に、頭に物をかぶらないなら、その頭を侮辱することになります」と書かれています。聖書にそう書かれているのなら、実際の礼拝では男性は頭に何もかぶらず、女性は頭に何かをかぶっていそうなものです。しかし現在は、一部の人たちを除いて、ほとんどの女性は礼拝中に何もかぶっていません。逆に男性の聖職者で、頭に大きな帽子のようなものをかぶる伝統のある教派もあります。これは、いったいどういうことなのでしょうか。また、聖書のこの箇所のすぐ後には、「男は長い髪が恥であるのに対し、女は長い髪が誉れとなる」と続いています。そう書かれているのなら、キリスト教徒の男性は髪を短くし、女性は髪を伸ばしそうなものですが、実際には、牧師や信徒にも長髪の男性はいますし、ショートヘアの女性もいます。これも、いったいどういうことなのでしょうか。

つまり信徒たちは、口には出しませんが、内心では「聖書といえども、この記述はさすがにどうでもいい」と判断しているということになりそうです。信仰の基準である聖書においても、「まともにとりあわなくていい部分」、すなわち「信じなくていい部分」がある、ということになります。髪の毛とかぶりものに関するこの箇所については、もちろん聖書註解《ちゅうかい》書《しょ》を開けば、いろいろな解説がなされています。この記述の背後には、当時の身なりに関する習俗や慣習があるわけです。しかし、いずれにしても、聖書のなかで、現代人がちゃんと「信じ」て実践すべき記述と、適当に読み流していい記述（あまり「信じ」なくていい記述）とは、どうやって区別するのかが、どうもよくわかりません。

こんなことを言うと、些末《さまつ》な部分であげ足を取るな、と言われてしまうでしょうか。では、人生においてもっと大事な「お金」に関する記述を見てみましょう。

お金についての教えも「信じ」ていない？

福音書のなかに、イエスがある人から「永遠の命を得るには、どんな善いことをすればいいのでしょうか」と尋ねられるシーンがあります。イエスは、彼の問いに対して、「殺すな、姦淫《かんいん》するな、盗むな、偽証するな、父母を敬え、また、隣人を自分のように愛しなさい」といった掟《おきて》を言います。すると男は、そうした掟はずっと守っています、と答えました。するとイエスは、「完全になりたいのなら、行って持ち物を売り払い、貧しい人々に施しなさい」と言い、そして「金持ちが神の国に入るよりも、らくだが針の穴を通る方がまだ易しい」と付け加えたと伝えられています。これは非常に有名な箇所なので、キリスト教徒でこの話を知らない人はいません。

しかし、ヨーロッパの博物館や美術館などに行きますと、金銀宝石で作られた豪華な十字架や、同じく金銀宝石で装飾されたきらびやかな聖書カバーなどを目にします。ものすごく高価なものであろうそれらは、文化的な遺産としては貴重なものでしょう。しかし、そうした物品が、イエスの思想や言動とはまったく異質なものであることは確かだと思います。では、そうした豪華絢爛《けんらん》な十字架や聖書カバーをありがたがったり、あるいは莫大《ばくだい》なお金を投入して巨大な大聖堂を建てたりした人たちは、当然キリスト教徒だったはずですが、彼らは聖書のこの箇所を「信じ」なかったのでしょうか。なぜそのお金を貧しい人々に施さなかったのでしょうか。彼らの信仰とは、いったいどういうものだったのでしょうか。

これは決して、非難しているのではありません。私は美術品も教会建築も好きです。ただ、彼らが「信じ」ているものとは何なのか、彼らの「信じる」とはどういう意味なのかが、素朴に疑問なのです。

むしろ「信じ」られない部分が必要なのか

キリスト教徒たちは、「金持ちが天の国に入るのは難しい」というイエスの言葉を知っています。しかし、世界のキリスト教徒たちのほとんどは、本当にその言葉を「信じ」ているようには見えません。むしろ、できるだけ多く稼ぎ、人並みに愚かな贅沢《ぜいたく》をして暮らしたいと思いながら働いているのが普通です。自分は生活を保てるギリギリのお金があれば十分だと言って、残りは全て貧しい人たちに寄付をしてしまうという人など、ごく一部の例外を除き、ほとんどいません。信徒たちは、聖書の言葉を文字通りには実践できないことに内心では後ろめたさを覚えつつも、それはそれでいいのだと正当化する言い訳も用意しながら生きているわけです。こうした傾向は、平和や非暴力に関する教えにおいても顕著です。よく知られていますように、聖書には「敵を愛せ」とか「右の頰を打たれたら、左の頰も向けよ」と書かれています。しかし、それを文字通り「信じ」て実践するキリスト教徒はほとんどいません（戦争や暴力の問題については、第四章で触れます）。

要するに、ほとんどの信徒は、その宗教の価値観を全体としては受け入れつつも、いくつかの教えについては実践したくないので実践しないわけです。実践できないような教えをなんとか実践できるように努力することもありますが、多くの場合は、いくつかの教えについてはまったく実践する気もないまま、それにもかかわらず、その宗教を全体としては受容しようとします。全てを実践しなくても「信仰」であり、全てを「信じ」なくても「信仰」である、というのが多くの人々によって営まれている宗教の現実だと言ってもいいのかもしれません。

宗教というのは、倫理的教説にしても、奇跡物語にしても、それらを信じられないからといって、単に「信じられない」で終わってしまうものではありません。むしろ「信じられない部分」や「実践できない部分」があるからこそ、その宗教は人々の心や社会のなかに引っ掛かり続け、継承されるのかもしれません。私たちは、抵抗のないツルツルとした物はつかみにくく、多少ザラついていたりデコボコしたものの方がしっかりと握れます。宗教においても、一般の常識的感覚からすればザラつきをおぼえる部分、つまり「信じ」るのが難しい部分が必要で、それでもそれを握り続けようとするときに生じる摩擦熱こそが、宗教というものの体温になっているようにも見えます。

信徒たちの「信仰」は、実はさほど徹底したものではない

また、信徒と言えども、実際には「信じている」状態と「信じていない」状態とのあいだ

を常にフラフラしながら生きているのが一般的であるようにも思われます。

例えば、キリスト教徒たちは、確かに自分では自分は神を信じている、と信じているかもしれません。しかし、現実の生活においては、二四時間三六五日、常に神を念頭に日常を送ってなどいません。それどころか、しばしば神を忘れ、あるいは神に見られたら恥ずかしいようなこともします。三日間くらいは神を信じ、神に感謝し、敬虔《けいけん》な気持ちで生活しても、何かのひょうしでしばらく何日も神を忘れたような振る舞いをすることもあります。それでもまた、ふとしたきっかけで、再び神を意識するようになったりしますが、また何週間かすると神を忘れたり無視したりもします。つまり、信徒はそう単純に「信じる」という行為でもってその生活をきれいに一貫させているわけではありません。このことは、信徒自身が謙虚に再考すべき点だとも言えますが、いわゆる無神論者や宗教批判者たちも気を付けねばならない点だと思います。というのも、しばしば無神論者や宗教批判者たちは、信徒たちによる「私は信じています」「信仰があります」という自己申告を、あまりに素直に「信じ」てしまう傾向があるように思われるからです。神を信じていると自称する人たちも、実はしばしば神を忘れ、神を無視する、というのは「宗教」という営みについて考えるうえでは重要な現実です。

たいていの信徒は、確かに基本的には「信じている」つもりですが、しばしば自分でも気付かないほど「信じていない」ものではないかと思います。一部のファンダメンタリストや、いわゆるカルト宗教の信徒のように、世の中には狂信的な人がいるのは事実です。しかし、宗教の世界全体においては、そのようなタイプは例外的だと言っていいでしょう。一般の信徒たちのあいだでの「信仰」というのは、誤解を恐れずに言えば、騙《だま》し騙し営まれているのです。信じているようで信じておらず、信じていないようだけれどやっぱり信じている、という感じです。この矛盾したような、中途半端にも見える態度が、多数派の信徒における信仰の姿であると思われます。

宗教に限らない人間一般の傾向

ただし、これは宗教に限った話ではありません。およそ私たち人間が持ちうる信念、希望、願望、理想というのはけっこういいかげんなものでしかありえない、という話だとも言えます。

例えば、多くの人は、痩《や》せてスリムな体型を保ちたい、と考えています。「ダイエットをしなきゃ」と口に出し、自分でも自分はダイエットをしたいと思っていると信じています。

しかし、それにもかかわらず、つい運動をなまけたり、ラーメンやドーナツを食べてしまったりします。ニュースで戦争やテロの映像を見ると、人々は「戦争はよくない」「平和が大事だ」「みんなで仲良く生きていこう」などと口にします。でも、そういう人たちの中にも、学校や職場では誰かと仲が悪かったり、対立していたりするということは珍しくないでしょう。「愛がすべてだ」とか「愛はすばらしい」というような内容の歌を歌っているバンドも、メンバーの間でケンカをして、解散してしまったりします。それが悪いと言っているのではありません。そうではなく、人間というのは胸の中に何らかの意思や信念を抱いていても、すべてそれに完全に合致するように行動することはできないものなのだ、と言いたいのです。それが普通なのです。

　無宗教の人も、毎日の生活において、あるいは人生全体において、真面目な時もあれば不真面目な時もあり、他人に優しい時もあれば少し冷たい時もあるでしょう。倹約家であるかと思えば妙なところでお金を浪費したり、明るく社交的かと思えば別の場面ではとても内気だったり、豪胆かと思えば些細なことに緊張したり、とにかく人間というのは、行動においても思考においても、自分で思っているほど一貫性というものを保てないものなのです。キリスト教徒も、はっきり言って、神を信じている時もあれば信じていない時もあるのが実際のところであり、そうした点が、人間における「宗教」という営みを考えるうえで無視してはいけないところなのだと私は思います。

マザー・テレサにおける「神の不在」

いわゆる宗教家たちも、必ずしもすっきりと「信じ」込んでいるわけではありません。

マザー・テレサの例をあげましょう。彼女は二〇世紀のインドで、貧困や病に苦しむ人々を支える活動に全生涯をささげたカトリックの修道女です。ノーベル平和賞をはじめさまざまな賞を受賞し、死後異例の早さで「聖人」に列せられました。そんなマザー・テレサといえば、誰よりも信仰深い人、というイメージがあるのではないかと思いますが、実はそんな彼女も生前、神や自らの信仰に対する疑いのような言葉を口にしていたことがありました。

マザー・テレサの死後に刊行された彼女の書簡とそれについての解説の書『マザーテレサ来て、わたしの光になりなさい！』を読むと、彼女が意外なほど「神」や「愛」について複雑な思いを抱えていたことがわかります。例えば彼女は、ある神父に宛てた手紙で次のように書いています。

「わたくしの魂のなかで神の場は白紙です。わたくしの内に神は存在されません。神を欲する痛みが非常に強いので、わたくしはただただ神を求めるのですが、わたくしが感じるのは、神がわたくしを望まれないことです。神は不在です」（里見貞代訳、以下同）

結果的には世界的な有名人になった彼女も、それまでの人生にはいろいろな困難があったようです。彼女は四九歳の時に書いた手紙で、次のようにも書いています。

「わたくしはたった一人です。闇はそれほど暗く、わたくしは孤独です。望まれず、放棄された者。愛を求める心の孤独感は耐えられません。わたくしの信仰はどこへいったのか。心の奥底にも、空虚と暗闇以外には何もありません。神よ、この未知の痛みは何とつらいのでしょう。その痛みは絶え間なく続きます。わたくしの信仰は無くなりました」

このように、あのマザー・テレサでさえ「神は不在です」とか「わたくしの信仰は無くなりました」とか、そういった言葉を残しています。もちろんこうした姿勢が普通であるとか、お手本であるとか、そういうわけではありません。ただ、こうした例もある、ということです。「信仰」というのが神の前に謙虚である姿勢だとすると、神に対して「信じます、信じます」と言い張るよりも、むしろ「信じることができません」「信じ切ることができません」と素直に告白することこそ、真の意味で信仰的だと言えるような気もします。本当に神を「信じ」ていなかったら、そもそも神や信仰について悩むはずがありません。神は全能で私たちの心の奥底まで全てお見通しであるならば、口では「信じています」と言っているのにその通りの生き方をしていないよりは、「信じることができません」と素直につぶやく方が、神に対して誠実であるようにも思われます。

そもそも神は「信じ」る対象なのか

あらためて聖書を読み直してみますと、意外とイエスは「信じる」という言葉や行為それ自体に固執しているわけではなかったようにも見えます。

具体的に見てみましょう。イエスは独自の宗教活動をはじめる前、荒れ野で修行をし、その際に悪魔から三つの誘惑を受けた、という有名なエピソードがあります。まず、断食して空腹のイエスのそばに悪魔がやってきて、この石をパンに変えたらいいじゃないか、と言いました。それに対してイエスは「人はパンだけで生きるものではない。神の口から出る一つ一つの言葉で生きる」と答えます。次に、悪魔がイエスを神殿の屋根につれていき、ここから飛び降りてみろ、きっと神が天使に命じて助けてくれるに違いない、と言います。それに対してイエスは「神を試してはいけない」という主旨の返答をします。そして最後に悪魔はイエスを高い山に連れて行ってこの世の国々の繁栄を見せて、もし自分にひれ伏して拝むならば、これらをみな与えてやろう、と言います。それに対して、イエスは「あなたの神である主を拝み、ただ主に仕えよ」という言葉（旧約聖書の「申命記」6：13）で返答します。この箇所では、もっぱら神との関係について語られているわけですが、「信じる」という言葉は出てきません（マタイによる福音書4：3〜11）。

また、イエスはある日、人々に対して、何を食べようかとか何を着ようかとか、そういうことにいちいち思い悩むな、という話をしました。神はあなたがたに必要なものはすべてご存知なのだ、とも言いました。そうしたうえで「何よりもまず、神の国と神の義を求めなさい。そうすれば、これらのものはみな加えて与えられる」（マタイによる福音書6：33）と続けています。ここでも神を「信じなさい」とは言わず、「神の国と神の義を求めなさい」という表現になっています。

それからまた別の日、イエスは律法の専門家から、律法のなかでどの掟が最も重要ですかと問われました。イエスはそれに対して「心を尽くし、精神を尽くし、思いを尽くして、あなたの神である主を愛しなさい」という旧約聖書（申命記６：５）の言葉を引用して答えました（マタイによる福音書22：37）。やはりここでも、神を「信じなさい」ではなく、神を「愛しなさい」という表現になっています。神というのは、信じる対象というよりも、愛する対象だということかもしれません。

イエスは「信じること」にこだわったのか

もちろん福音書の中では、イエスが「信じる」とか「信じなさい」という言葉を使うこともあります。ただし、新約聖書にある四つの福音書（イエスの言行を記した文書）のうち「マタイによる福音書」「マルコによる福音書」「ルカによる福音書」の三つでは、「信じる」という言葉はあるにはあるものの、意外と少ないのです。ところが、「ヨハネによる福音書」に出てくるイエスだけ、他の三つと違って「信じる」という言葉を非常に多く使っており、その差異は明らかです。

「福音書」というのは、イエスの正確な伝記ではなく、それぞれの著者がそれぞれ独自のイエス像を念頭に書いた文書です。他の福音書とくらべて「ヨハネによる福音書」にだけ突出して多くの「信じる」という言葉が出てくるのを見ますと、この文書の著者が意図的にイエスに「信じる」という言葉を多く使わせているという印象を受けます。イエス自身は、自分では一切文章を書き残さずに死んでいきました。今に伝わるイエスの言葉は、すべて間接的な伝達を元にしたものです。したがって、実際のイエスが本当のところどのくらい「信じる」という言葉や行為にこだわったのか、厳密なところはよくわかりません。

イエスの死後、パウロによって書かれた書簡、例えば「ローマの信徒への手紙」や「コリントの信徒への手紙」などでは、確かに「信じる」という行為が重視されています。パウロは明らかに、イエス・キリストを「信じる」ということが人々の「救い」のために、また神から「義」とされるために必要なことだと考えていました。パウロが言うところの「信じる」という行為の意味については慎重に検討することが求められます。しかし、より本質的には、今ここで生きている私たち自身が、そもそも「信じる」とはどういう行為のことを指しているのか、自分自身の頭で考えなければ意味がない問題なのではないかと思います。

イエスが人生の最期で口にした言葉

イエスは、わずか二〜三年程度の宣教活動の後、手足を釘《くぎ》で十字架に打ち付けられて死ぬまで放置される、という方法で処刑されました。では、そのときの彼の「最期の言葉」はどのようなものだったか、ご存知でしょうか。それは四つの福音書に記されていますが、各文書によってその言葉は異なります。「マタイによる福音書」と「マルコによる福音書」によりますと、イエスの最期の言葉は、「わが神、わが神、なぜ私をお見捨てになったのですか」という絶叫だったとされています。キリスト教において、イエスは「神の子」であり「救い主」です。それなのに、彼の人生最期の言葉は、「なぜ私を見捨てたのですか！」という神に対する絶望と抗議の叫び声だったとされているのです。一方、別の二つの福音書、「ルカによる福音書」と「ヨハネによる福音書」では、イエスの最期の言葉はまったく違うもので、それぞれ「父よ、私の霊を御手にゆだねます」と、「成し遂げられた」というものだったとされています。では、これらのうちどれが本当の最期の言葉だったのでしょうか。

四つの福音書のうち、最も古い文書、すなわち最初に書かれたのは「マルコによる福音書」だというのがいちおう定説になっていますので、そこに書かれている言葉「わが神、わが神、なぜ私をお見捨てになったのですか」の方が歴史的信憑性《しんぴょうせい》が高い、つまりイエスの実際の最期の言葉だったのではないかという推測が妥当のように思われます。このイエスの言葉は、新約聖書全体における「イエス・キリスト」のイメージとは大きく食い違うものであり、つまり少々不都合にも見えるので、わざわざそうした言葉が創作されなければならなかった理由が説明しにくいからです。

実は、イエスのこの最期の言葉は、旧約聖書の「詩篇《しへん》」二二章の冒頭とほぼ同じ文言です。その「詩篇」二二章の最後は、神への信頼の言葉で締めくくられています。そこで一部の神学者たちは、イエスは死の間際にこの「詩篇」二二章の最初の一節を口にすることで、むしろ神への信頼を表現したのだ、などと説明しようとします。しかし、冒頭の一節を引用することで章全体を意味するなどという習慣はなく、これはかなり無理のあるこじつけだと思われます。実際のところ、十字架に手足を釘付けにされ、放置され、激痛のなかで自分はもう死ぬのだと感じながら、悠長に「詩篇」二二章を暗唱し始めたりするものでしょうか。短くも壮絶な人生の今際《いまわ》の際に、何かしら言いたいことがあったとするならば、あえてまぎらわしいその詩篇の冒頭を口にするのではなくて、本当に言いたいことをずばり言うのが自然です。イエスのこの最期の言葉は、やはりあくまでも、文字通りの絶望と抗議の叫びであったと解釈するのが素直な読み方だと思います。

神を信じているならば、かえって疑いを口に出せるはず

キリスト教徒は、よく「信じましょう」とか「信じます」と口にして、とにかく「信じ」ることを最重要課題とします。では、そうした立場からしますと、このイエスの最期の言葉はどう考えればいいのでしょうか。信徒たちは、イエス様に対して、「あなたは神に文句を言った」と批判するのでしょうか。聖書には、はっきりと、イエスは死ぬ寸前に神への不満、神への抗議を「大声で叫んだ」と書かれています。それまでは、弟子たちに対して「信仰の薄い者たちよ」などと言っていたイエスも、さすがに自分が十字架に釘付けにされたときには、神に対して「なぜですか！」と抗議せざるをえませんでした。イエスでさえ、そうだったわけです。素直に読むならば、これはつまり、神に不満を述べたり、抗議したり、疑ったりするのは自然だということではないでしょうか。

私たちも、日々の仕事や、健康や、人間関係など、さまざまな理由で苦しむことがあります。事故や、災害や、犯罪など、理不尽な苦しみのなかで、つい神に対して文句や不満を口にしたくなることはあるでしょう。そのことを、他の信徒たちからあれこれ非難されたり咎《とが》められたりする筋合いはありません。私たちの生活には、本当にどうしようもない苦しみや、悲しみや、憤りがあるものです（悪の問題については、後に第三章であらためて取り上げます）。

あのイエスでさえ、神に文句を言ったのです。ですから、イエスよりもはるかに平凡な私たちが、神に文句を言い、神を疑ったところで、いったい何が問題だというのでしょうか。むしろ、決して神を疑うな、何があっても信じろ、信じろ、と圧力をかけてくる凝り固まった「宗教」によって人間が苦しめられることの方が問題ではないでしょうか。時には神に抗議し、神に文句を言い、神を疑ってもいいのだ、それも自然なのだ、ということをイエスが身をもって示したのであり、それ自体もまた「救い」の一側面であるように思われます。

「信じ」ているから、文句を言える

そもそも、イエスのこうした言葉は「信じる」と矛盾するものではないと言うべきかもしれません。本当に全く神を信じていなかったら、神に対する抗議や疑いが口から出てくるはずがありません。神に対する文句は、神の存在が前提とされていなければ不可能です。本当に神を「信じ」ていて、本当に「神は我とともにある」と考えているからこそ、抗議や疑いを含めて、神に対して何かを言うことができるわけです。

そして、神がもし本当にこの世の造り主であり、全能であるならば、浜辺の砂粒のごとき私たち人間からちょっと文句を言われたり疑われたりしたくらいで、本気になって腹を立てたりするとは思えません。苦しいときには神に文句を言っていいし、その存在を疑う言葉を口に出しても構わないでしょう。ちっぽけで愚かな人間が、その狭い視野であれこれ文句を言ったり疑ったりしても、それにもかかわらず常に我とともにいてくださるものを「神」と呼んでいるはずだからです。要するに、本当に神を「信じ」ているならば、安心して神を「疑う」こともできる、という逆説があるのではないかということです。

信仰の名のもとにわずかな疑いのつぶやきさえ封じようとする人たちは、実は神を信じているポーズをとることにこだわっているだけなのかもしれません。私たちは、神が存在しなかったら無神論者になれますが、神が存在していても安心して無神論者でいられます。現にこの世に無神論者は存在しているのですから、本当に偉大なる全能の神が存在するならば、そのような神は、愚かな無神論者をも見守って下さる寛容な神であるということになります。むしろ、問題なのは、「信じている」と自称する人たちが、神に対して素直な疑問を抱いている人たちのことを、あれこれ偉そうに非難することの方ではないかと思います。

「素直に」という副詞は「疑う」という動詞にこそふさわしい

しばしば「素直に信じる」という言い方がなされます。しかし、私はこの言い方はちょっとおかしいのではないかな、とも感じています。というも、宗教というのは科学的・合理的な根拠を問わない世界ですから、少なくとも現代人にとっては、「素直」であれば「信じる」のではなく、むしろ「疑う」方が自然だからです。「素直」という言葉自体には何となく良いイメージがあるので、牧師や司祭は人々に信仰をもたせたいという立場上、「信じる」という動詞の前に「素直に」という副詞をつけて、「ただ素直に信じればいいのです」といった言い方をします。あたかも「信じること」は、正しいことであり、ナチュラルなことであり、良いことであるという雰囲気にするわけです。彼らからすれば、「素直に信じる人」は相手にするのが楽で、つまりは都合のいい人です。逆に、「疑う人」は面倒くさい人です。「素直に信じる」という時の「素直さ」は、神に対する素直さというよりも、牧師や司祭や教会の先輩信徒たち、つまり人間にとっての「素直さ」に過ぎないのではないかと邪推してしまうのは、私がひねくれているからでしょうか。

神は目には見えません。その声も普通には聞こえません。現にこの世にはさまざまな悪がある以上、神は犯罪や災害や病気を放置して、善人が理不尽な苦しみを受ける現実も放置しているように見えます。それがまず素朴な現実として目の前にあるのに、それにもかかわらず、善であり全能である神を「信じる」というのならば、その「信じる」という行為は明らかに不自然なものです。「素直に」という副詞は、「信じる」よりも、むしろ「疑う」という動詞にこそふさわしいように思われます。

あまり「こだわらない」ようにする

福音書には、群衆や弟子たちはイエスの教えを聞いて「驚いた」と何度も書かれています。この「驚いた」という説明は、当時のイエスの佇《たたず》まいを知るためのわりと重要なヒントなのではないかと思います。人々にとって、イエスの教えは単なる新しい知識だったのではなく、それまでの常識とは異なるものだったからこそ、「驚いた」わけです。イエスが生きたのはユダヤ教社会で、その聖職者たちが権威をもっていました。ところが、イエスは当時の社会の慣習に盲従せず自由に発言し行動する人だったので、その素直さに周囲の人たちは「驚き」ました。人々はイエスのそうした佇まいに感心し、その素直さに優しさを感じ、強さを感じました。その素直さが、愉快で、痛快で、温かくて、安心できたから、だからこそ、大勢が彼を慕ったのではないでしょうか。しかし、多くの人々を「驚か」せた彼の素直さは、体制側の人たちの目には、逆に侮辱であり、脅威であり、反社会的で、苛立《いらだ》たしいものと映ったことでしょう。だから、彼らとしては、単にイエスを暗殺してこの世から消すのでは不十分で、形の上では正当な手続きを踏んで、つまり裁判にかけて犯罪者ということにし、肉体的にだけでなく社会的にも葬り去る必要があったわけです。

イエスという人物は、何か具体的な命題を提示して「これが真理だ」「これを信じろ」と言ったのではありません。彼は、あの時代を生きた一人であったにもかかわらず、当時の宗教体制の妥当性を鵜呑《うの》みにすることはありませんでした。彼は当時の宗教的な常識を「疑った」と言うと、少し言い過ぎかもしれませんが、「こだわらなかった」という言い方ならば可能であると思います。例えば、イエスが暮らしていたユダヤ教社会では、安息日にはいかなる労働もしてはいけないと定められていました。しかし、イエスはそんな宗教的ルールには全くこだわらず、当たり前のように目の前の病人を癒やしてあげたのでした。また、イエスは律法学者やファリサイ派の人々を痛烈に批判しましたが、それはつまり、彼らの権威や影響力など、うわべの宗教的支配には一切こだわらなかったからです。

イエスの佇まいは、周囲に流されず、こだわらず、ただ素直に問い、素直に考えるというもので、それは良い意味で「空気を読まない」ものだったのではないかと思います。ところが、やがて時をへて、そうしたイエスの素直さそれ自体が「キリスト教」という一つの「宗教」になってしまいました。信奉者が増えて、一つの組織になり、制度になり、政治的な影響力を持つようになっていったことで、それは面倒な宗教的慣習に「こだわらない」姿勢ではなく、むしろ定められた教条を「強く信じる」こと、つまり「こだわる」ことを求めるものに反転し、「疑う」こともタブーのようになってしまいました。本来の肝は、あくまでも「宗教」になる前の、こだわりのない素直さにあったのではないかと思います。したがって私は、「宗教」になってしまったキリスト教の歴史や思想と向き合いつつも、あまりそれ自体にこだわり過ぎないようにすることも大切なのではないかと思うのです。

よくわからない「信仰」

本章では、すでに「信仰」という言葉を何度も使ってきました。しかし、「信仰」とは何なのかを誰もが納得できるように説明するのは、やはり容易ではありません。新約聖書の「ヘブライ人への手紙」一一章には、「信仰」について、いちおう次のような一文があります。

「信仰とは、望んでいる事柄を確信し、見えない事実を確認することです」

これは、キリスト教徒のあいだではよく知られている一節で、「信仰」概念の定義のようなものとしても捉えられています。しかし、これはあまりに簡潔過ぎて、はっきり言って、わかりやすいものではありません。信徒ではない人で、この短い一節だけを読んで「なるほど信仰とはそういうものか」と納得できる人はまずいないでしょう。では、もう少し一般的な文脈で「信仰」について解説されている文章を見てみましょう。藤田富雄は『日本大百科全書』で「信仰」という言葉を次のように解説しています。

「神仏のように、自分にとって究極的な価値や意味をもっている対象と全人格的な関係をもち、その対象に無条件に依存し献身する心的態度をいう。経験できぬ不確実なものを主観的に確実であると思い込むことではない。宗教的体験や儀礼を繰り返すことによって、しだいに人格の内部に一定の心的態度が信仰として形成される。信仰は個人生活を統合する中心の役割を果たすと同時に、その信仰の表現である信条、組織、制度などにより、共同体の生活を統合する活動の中心にもなっている」

藤田は続けて「信仰」と「信頼」の違いにも触れています。彼は「信頼」とは、幼児の母親に対する態度に典型的なように、人間と人間との間に形成され、相手の人格にすべてを一任するような心的態度のことであると述べています。任せきる、という点では「信仰」と共通点もありますが、「信頼」の対象は基本的には人間であり、「つねに裏切られる危険と情緒的不安が付きまとう点では、信仰とはまったく異なる」としています。

そして、さらに藤田は「信仰」と「信念」との違いについても言及しています。彼によれば、知識というのは学問研究によって絶えず改変されるので、つねに知識は不確実で不完全なものに過ぎませんが、仮説として承認される知識もあるとします。このような認知的な心的態度が「信念」ですが、「信仰」は知情意の経験の全体にわたり、さらに経験を超えたものにも関係するとされ、既成の思考形式を超えて新しいものを生み出す可能性をもつと言います。こうした理解に基づいて、彼は「科学が進歩すれば信仰は不要になるというような考え方は、信仰と信念との混同から生じるといえる」と指摘しています。

もちろんこうした説明は、普遍的なものではなく、あくまでも一例です。哲学者の西田幾多郎は、『善の研究』のなかで、現世利益のために神に祈るとか、神助を頼むとか、神罰を恐れるといった態度は「真の宗教」ではなく、「利己心の変形」にすぎないと断じています。西田にとって真正の宗教とは、「自己の変換、生命の革新」を求めるものであるとされました。宗教的信仰についてはさまざまな考え方があります。

以下の章では、引き続き、宗教についてさまざまな角度から見ていきます。神を「信じ」る、宗教を「信じ」るとは、いったどういう意味なのでしょうか。

第二章

神を「信じ」ているとき、人はそれをどう語るのか

宗教を信じることは非科学的な態度なのか

アンブローズ・ビアスの『悪魔の辞典』という本をご存知でしょうか。いろいろな単語を皮肉な文言で辞典風に解説してみせることで知られているものです。例えば、「外交」という言葉については「自国のために嘘《うそ》をつく愛国的な技術」であると言い、「運命」という言葉については「暴君が犯罪をおかす際の根拠、および愚者が失敗をおかす際の言い訳」であると説明するといった具合です。

この本には、宗教に関する項目もいくつかあります。例えば「祈り」という言葉について、ビアスは、「一人の取るに足らない請願者のために、宇宙の法則を無効化するよう求めること」と説明しています。これは要するに、「祈り」とは自分にとって都合がいいようになることを求める行為に過ぎない、という冷笑的な見解を述べているのかと思われます。彼の言う「宇宙の法則」というのが近代科学のことを念頭においているのかどうかははっきりしませんが、一般に宗教を「信じる」というと、非科学的な思考や態度だというイメージを持たれる傾向は確かにあるかもしれません。

宗教は科学を排除しない

しかし、例えば「アルコール」「アルカリ」「アルゴリズム」などの言葉がアラビア語由来であるように、数学や天文学なども中世のイスラム文化のなかで成長しました。これらの学問は、イスラム教で定められた祈りの時間とメッカの方角を正確に算出するためにも不可欠だったのです。九〜一五世紀にはバグダッドの学術機関で、古代ギリシアの天文学、占星術、医学、光学などが保護されました。天文学や解剖学の知識を欠く者は、神について考察する能力も不十分だとみなされたともいわれています。

近代科学が発展して以降のキリスト教文化圏においても、科学者のなかには無神論的な人もいましたが、宗教的な人もいましたし、科学に疑惑の目を向ける教派もありましたが、近代科学を歓迎した教派もあります。リチャード・ドーキンスは現代の無神論者として有名な生物学者ですが、しかしアイザック・ニュートンも、チャールズ・ダーウィンも、自然界に関する説明から神を完全に排除しようと考えて研究をしたわけではありませんでした。一口に「宗教」とか「科学」と言っても、それらは境界線がはっきりしたものではないので、何をもってしてその人の思考や行動を「宗教的 - 非宗教的」「科学的 - 非科学的」とみなすのかは、実はそう簡単な話ではありません。これまで「宗教」と「科学」の関係については、もっぱら対立や闘争のイメージで論じられる傾向がありました。しかし近年の研究では、両者は単純な対立・闘争関係のモデルだけで捉えられるものではないことがむしろ常識となっています。

宗教を「信じ」ている人はさまざまな場面で非科学的・非合理的な思考や態度をとる、というイメージは、宗教の実態についてあまりご存知ではない人の偏見かもしれません。プロの宗教家はむしろ意外と現実的だったりもする、という最近の簡単な例を二つほどあげましょう。

「祈り」で砲弾から兵士を守れるのか

二〇世紀を代表するプロテスタントの神学者・牧師に、パウル・ティリッヒという人物がいます。彼の伝記に、次のようなエピソードがあります。

ティリッヒは若い頃、第一次大戦時に、陸軍付きの牧師（従軍チャプレン）をしていたことがありました。彼は塹壕《ざんごう》のなかでも兵士たちと礼拝をし、時には墓掘り人役もつとめるなど、戦火にさらされながらその職務を果たそうと努力していました。ところが、まだ戦争の真最中、一九一六年にティリッヒは旅団長の将軍と意見を衝突させてしまいます。論争の種になったのは、「祈り」の効果についてでした。その将軍は教会の権威を尊重する保守的な人物で、「祈り」というものは実際に自分たちの兵士を敵の砲火から守る奇跡的な効果を持つと考えていました。しかし、自由な考え方をする若いティリッヒは、それにはっきりと反対して、彼に対して臆せずに自説を主張してしまいます。将軍は、よりにもよって従軍牧師が「祈り」の奇跡的な力を軽視するなどとんでもないと怒り、結局ティリッヒはそれまでいた砲兵連隊から衛生中隊に転属させられてしまいました。

ティリッヒは神学者であり牧師でもある以上、決して「祈り」の意義を否定したわけではありません。むしろそれを大切にしています。しかし、「祈り」には不思議な力があって兵士を直接的に砲弾から守るような効果を発揮するという考えには、賛同することができなかったのです。

ダライ・ラマの発言

似た話として、ダライ・ラマの例もあります。

二〇一五年にパリでイスラム過激派によるテロ事件が発生し、それに関してダライ・ラマはドイチェ・ヴェレ（ドイツ国営国際放送）からインタビューを受けました。そのとき彼は、

「私たちは祈りだけでこうした問題を解決することはできない」と答えたので、宗教家の発言としては意外だということで少し話題になりました。ダライ・ラマは、自分は仏教徒であるし、「祈り」というものの意義を信じているとしながらも、この問題（テロ）は人間が生み出したものなのだから、その解決を神様に頼むというのはおかしいと述べたのです。神や仏陀《ぶつだ》に「祈る」ことで助けを期待するのではなく、あくまでも私たちの手で平和を構築せねばならない、という主旨のことを彼は言いました。このインタビューは、テロ事件そのものについてよりも、ダライ・ラマという著名な宗教家によるこうした返答の意外さの方に重点がおかれて世界中に配信されました。

多くの人々が漠然と抱いている「宗教」のイメージと実際の宗教家の思考とのあいだには、ひょっとしたらわりと大きなギャップがあるかもしれません。多くの人は、宗教とは現実の具体的な方法や手続きからは距離をおいて、神や仏などこの世を超えたものや超自然的なものによって救いや解決を求める、あるいはその道筋を示すものだ、といったイメージをぼんやりと抱きがちです。宗教とは「虚構」や「フィクション」など、「非科学的なもの」を「信じること」だというイメージがあるからこそ、宗教家がちょっと現実的な発言をすると意外だと感じてしまうわけです。

「祈り」のいろいろな側面

このティリッヒの例も、ダライ・ラマの例も、いずれも「祈り」に関係したものでした。ほとんどの宗教において、「祈り」は中心的な位置にありますが、そもそも「祈り」とはいったい何なのでしょうか。宗教に無関心な人、あるいは宗教に批判的な人からすると、宗教を信じて神さまに「祈る」という行為には、何か自分に利益になることやモノを「求める」「要求する」ものというイメージが強いかもしれません。日本人で初詣に神社に行く人たちも、賽銭箱《さいせんばこ》の前で手を合わせて祈ることは「商売繁盛」とか「家内安全」とか「合格」とか「健康」とか「縁結び」とか、つまりは現世での利益や幸福であることが多いのではないかと思います。もっぱらそうしたイメージで宗教というものを見てみますと、それは本来は自分の努力で獲得すべき利益や幸福を、「神さま」というフィクションを通して要求することであり、つまりは怠惰でエゴイスティックな姿勢に過ぎない、と感じる人もいるかもしれません。あるいは、現実的な困難を前にして神に祈ることは、結局は「すがる」といった依存的な態度、あるいは現実から「逃避する」という弱い態度である、といった印象をもっていらっしゃる方も少なくないかもしれません。しかし、「祈り」というのはそう単純なものではありません。

「祈り」というのは人間に特有な行為であり、各宗教文化によっても多様な理解がなされています。同じ宗教でも、場面によってさまざまに捉えられたり実践されたりするものです。日本語でも、祈禱《きとう》・念禱・観想・止観・念仏・唱題・鎮魂など、呼び方や形態はさまざまです。キリスト教文化においても、祈りは単なる「願い事」ではありません。確かに「願い求める」祈りもありますが、「感謝」の祈りもあります。また「賛美」の祈りもありますし、「悔い改め」の祈りや「とりなし」の祈りもあり、ときには「嘆き」の祈りもあります。これまで宗教学者のあいだでも、この「祈り」という人間ならではの行為についてはさまざまな角度から研究されてきました。

「主の祈り」は利益や幸福をお願いするものではない

例えばキリスト教徒たちは、具体的にいつも何を祈っているのでしょうか。それを今ここで十分に説明するのは容易ではありませんが、一例として、「主の祈り」を紹介しましょう。「主の祈り」とは、新約聖書の「福音書」に記されているもので、弟子たちがイエスに対して「祈り方を教えて下さい」と言ったときにイエスが教えたと伝えられているものです。これもキリスト教徒であれば小学生でも暗唱できるもので、全文は次の通りです。

「天にまします我らの父よ、願わくはみ名をあがめさせたまえ。み国を来たらせたまえ。みこころの天になるごとく、地にもなさせたまえ。我らの日用の糧を今日も与えたまえ。我らに罪をおかす者を我らがゆるすごとく、我らの罪をもゆるしたまえ。我らをこころみにあわせず、悪より救い出したまえ。国と力と栄とは、限りなくなんじのものなればなり。アーメン」

日本のキリスト教系の学校では、英語教育の一環としてこの「主の祈り」の英語版を暗唱させたりすることもあるくらい、これは基本的なものとみなされています。「アーメン」というのは、ヘブライ語で「確かに」「本当に」「その通り」という意味の言葉です。キリスト教では聖書も讃美歌《さんびか》も祈禱もすべてそれぞれの母語を使うのが普通ですが、なぜかこの「アーメン」だけは全世界でヘブライ語のまま口にする習慣になっています。この「主の祈り」では、一読してわかるように、前半では神の国の実現が主題となっていて、後半は自分たち人間に関することが述べられていますが、単に自分の利益や幸福を「お願い」しているわけではありません。

祈りは「お願い事」ではない

キリスト教では、例えば「食事の前の祈り」でも、それは第一には食べ物が与えられたことについての「感謝」の表明です。まずはその食事について神に「感謝」をして、そのうえで、自分がそれを食べることによって、今日も明日も神の御心にかなう仕事や、人々を助ける仕事ができますように、と付け加えられるというパターンが多いと思います。

「願い求める」祈りの場合も、そこでは具体的な幸福や快楽それ自体が求められることは極めて少ないように見受けられます。では、いったい何を願い求めるのかといいますと、少なくとも言葉の上では、「神さまの御心の通りになりますように」という主旨の「願い」ではないかと思います。神に対して「神さまの御心の通りになりますように」と願うというのは、ちょっと論理的には奇妙に感じられるかもしれません。神は全能ですから、人間からわざわざそのような「お願い」などされなくても、神は自分でしたいようにするに決まっているからです。それにもかかわらずわざわざそう祈るのは、その「祈り」は実際には「要求」の行為ではなく、神に対する信頼の「表現」だと解することもできるかもしれません。

私は牧師でも司祭でもないので、「祈り」の意義について、ここであまり適当な思いつきを言わないようにしたいと思います。ただし、それが「依存する」とか「逃避する」という行為に相当しないことは確かだと思います。

ニーバーの祈り

ティリッヒなどと並び、二〇世紀を代表するプロテスタント神学者に、ラインホルド・ニーバーという人物がいます。牧師でもある彼による次のような「祈り」も、キリスト教徒のあいだではよく知られています。

「神よ、変えることのできるものについて、それを変えるだけの勇気をわれらに与え給え。変えることのできないものについては、それを受け入れるだけの冷静さを与え給え。そして、変えることのできるものと、変えることのできないものとを、識別する知恵を与え給え。アーメン」

ここでは、「〇〇を与え給え」と三度繰り返されているように、確かに言葉の上では神に対して要求をする文言になっています。しかし、決して自分に都合の良い利益や幸福や快楽を求めているわけではありません。また、自らの努力や責任を放棄して、神に「すがる」とか、「依存する」とか、現実から「逃げる」といった弱い姿勢でもないと思います。むしろこれは、自分自身でしっかりと現実と向き合っていこうとする覚悟の表現であると捉えることもできるのではないでしょうか。

宗教とは必ずしも、単なる作り話を「信じ」込んで不合理で非科学的な態度をとったり、現実の困難から目をそらしたりすることではありません。神による天地創造やアダムとエバの誕生など、確かにキリスト教文化には神話的・伝説的要素も多くあり、それらは近代科学の世界観とは合致しません。しかし、現在の主流派においては、そうした要素はあくまでも神話的表現と解され、伝統として継承されるにとどまります。それら自体に固執することで、科学的真理を否定するようなことはほとんどありません。

ガリレオ裁判

一般に、科学の歴史については、次のようなイメージを持たれている人が多いのではないでしょうか。すなわち、かつて科学はキリスト教によって抑圧されていたけれども、科学者たちの必死の研究によって一七世紀は科学革命の時代となり、そして一九世紀の進化論論争などをへて、ようやく科学は宗教に勝利した、というような図式です。これは完全に的外れとまでは言えないかもしれませんが、やはり適切ではありません。このような見方では、ガリレオやニュートンがキリスト教信仰を持っていたことをうまく説明できませんし、キリスト教文化圏で近代科学が成立したこともうまく説明できません。

科学史家の村上陽一郎は、科学史における宗教と科学の関係を説明するために「聖俗革命」という概念を用いました。彼によれば、宇宙や自然について説明しようとする際に、どこかで世界の創造主である神に言及しないと物事の説明は終わらないとする立場を「聖なる立場」といいます。それに対して、キリスト教的な創造主に言及することなく、物事について考えたり説明したりすることができるとする立場を「俗の立場」といいます。一八世紀の啓蒙《けいもう》主義は、村上によれば、学問や知識の世界からいったんキリスト教的な枠組みを取り払ってみたらどういうことが言えるかという実験をしてみた時代、とみなされます。彼のいう「聖俗革命」とは、一八世紀に起こった聖なる立場から俗なる立場への転換のことで、聖俗革命をへて一九世紀に生まれてきたものこそ、現在の科学であるとされます。

こうした歴史観に立ちますと、ガリレオの生きた一六〜一七世紀は、現在でいうところの科学はまだなかったので、宗教と科学が対立するということもありえなかったことになります。では、いわゆる「ガリレオ裁判」とは何だったのでしょうか。しばしばこれについては、頑固な宗教家たちが、科学的・合理的な精神の持ち主を抑圧した理不尽な裁判、というイメージで語られてきました。「それでも地球はまわる」というガリレオの言葉（とされているもの）は有名です。確かにカトリック教会がこの裁判の誤りを認めたのは二〇世紀末で、ガリレオの死後三五〇年もたってからでした。しかし、ガリレオ裁判は実際には極めて政治色の強い出来事だったと考えてよさそうです。ある研究者は、ガリレオは観察と推理によって自然界を理解しようとしたことの罪を問われたのではなく、教会への不服従の罪を問われたのだ、とも説明しています。この点については、問題の大前提を理解しておく必要があります。

神は「二つの書物」を書いた

中世のスコラ学における基本的な考え方に、神は「二つの書物」を書いた、というものがありました。一つは当然ながら「聖書」で、もう一つは「自然」です。ガリレオも基本的にはこうした見方に従っており、「自然」は数学の言葉で書かれていると考えていました。彼は、聖書と自然という二つの書物を書いたのが神お一人であれば、そのあいだに矛盾などあるはずがない、という信念をもっていたのです。では、もし聖書の内容と天文学とのあいだで矛盾のように見えるものが出てきてしまったらどうすればいいのでしょうか。ガリレオは、そうした場合は自然に書き込まれた神の言葉の方を、聖書に書かれた神の言葉よりも優先させるべきだと考えました。なぜなら、自然という書物に書かれた数学の言葉は一義的にしか解釈されませんが、聖書の言葉は多義的に解釈される余地があるからです。したがって、両者間に矛盾のように見えるものがあったとしたら、それは聖書の解釈に問題があるというふうにガリレオは考えたわけです。

ガリレオ裁判においては、どちらの立場の人も、自然観察によってこの世についての知識を得ることの意義は認めていました。そしてまた、どちらの立場の人も、信念の基盤を聖書に置くことの必要性は認めていました。この問題は、「聖書」と「自然」が互いに矛盾しているように見えた際の解釈の仕方をめぐる、カトリック教会内部における異なる見解の争いという色彩の濃いものであったと考えられます。少し言い換えますと、「知識」を生産・普及させる権威を持つのは誰であるか、という政治的な点に関する闘争だったと見ることもできます。ガリレオは、正しい知識というのは個人による読解や観察や推論によって得ることができると考えましたが、そうした姿勢は、当時、三十年戦争のさなかにおいては、ローマ・カトリック教会の権威に対する直接的な脅威ともみなされました。また、当時ガリレオを庇護《ひご》していたトスカナ大公国と教皇庁が対立していたという背景なども無視できないとされています。ここには実にさまざまな政治的・社会的背景があったのです。

科学的な知見それ自体は、必ずしも宗教の敵ではありませんでした。一六世紀半ば〜一七世紀初頭に日本にやってきた宣教師たちは、むしろ科学的知識や学問・教育を宣教に利用しようとも考えていました。一七世紀初頭の大殉教の際に長崎で処刑された宣教師に、カルロ・スピノラという人物がいます。彼は殺される以前、京都に数学と天文学のアカデミアを設けています。そして一六一二年には長崎で月食を精密に観測して、マカオにいた同じイエズス会士による観測データと付き合わせて長崎の経度を割り出すなどもしました。日本では、天文暦学は長いこと安倍《あべ》、賀茂《かも》両家による秘伝として朝廷に独占されていたため、宣教師たちによる実証的な説明は人々の好奇心を大いにかきたてたようです。イエズス会士の天文学的知識は、それまでの須弥山《しゅみせん》思想や天円地方説を否定することにもなり、実証的科学や合理的精神で伝統的思想を批判する最初の契機になったともいわれています。

神の存在を論証しようとするということ

太陽や月など、天体の運行はこれまで多くの人々の好奇心を刺激してきました。太陽や月に関する神話も世界に多くあります。ところで、一神教的な「神」は、太陽や月などとは違い、すべての人の目に見えるわけではありません。そこで、これまで、「神は存在するのか、存在しないのか」が問われてきました。この問いに関しては、神学者や哲学者たちによるさまざまな「神の存在証明」の議論の蓄積があります。哲学史やキリスト教思想史の教科書を開きますと、神の存在論的証明、宇宙論的証明、目的論的証明など、先人たちによるさまざまな角度からの論証について紹介されています。

しかし、「信じる」という行為の意味を問う観点からいたしますと、神の存在を論証するというのは、ちょっと不思議な議論であるようにも感じます。というのも、もし本当に誰もが納得できるように神の存在が論証されるのだとしたら、わざわざ神を「信じ」る必要がなくなってしまうからです。例えば、三角形の面積を導く公式は「底辺×高さ÷二」であり、簡単に証明もできるので、あえてその公式の正しさを「信じ」る人はいません。第一章でも言いましたように、明らかに正しいことにおいては「信じる」という選択自体がなくなります。正しいこと、真であることはわざわざ「信じ」なくていいので、神の存在を論証しようと試みる時点で、それは「信じること」（≠信仰）を不要にしようとする試みであることになってしまうようにも思われます。

もちろん、哲学史的には、これらの一連の議論には人間の「理性」や「認識」などをめぐる複雑な文脈があります。これはわりと幅広い背景から生まれた議論なので、ここでは詳しくは触れませんが、いずれにしましても、思想史における「神の存在証明」は、自然科学的な「証明」とは異なるものだと考えるべきでしょう。

神と古代の哲学者たち

ところで、「哲学」と「宗教」は、それぞれ異なる営みです。古代ギリシアの大哲学者アリストテレスの『形而上学《けいじじょうがく》』では、哲学の始祖はタレスだとみなされており、現在でもほとんどの哲学史の教科書はタレスの紹介から始まります。一方、ディオゲネス・ラエルティオスの『ギリシア哲学者列伝』によれば、初めて「哲学」(フィロソフィア)という言葉を使い、自らを哲学者と呼んだのは、ピュタゴラスだとされています。誰が最初の哲学者であったかとか、そもそもなにをもってして哲学とみなすのかについてはいろいろな議論がありますが、細かな点は省略して、さしあたり一般に「哲学」と呼ばれる思想的営みは、大まかには紀元前六世紀頃から始まったと考えていいでしょう。すなわち、イエスが生まれる五〇〇年以上も前から、抽象的な概念を用い論理的な思索を重ねて世界や人間について説明しようとする文化があったということです。

そして、しばしば「哲学」の誕生については、神話的な世界観から論理的で科学的な世界観への脱却、として説明されることがあります。確かにこれまで私たちの祖先は、神話的なストーリーのなかで、世界の成り立ち、日々の出来事、人生の意味などについて考えたり説明しようとしたりしてきました。それに対して、紀元前六世紀頃から、神話や宗教ではなく、合理的にこの世界や人間について考えていこうとする姿勢が芽生え始め、それがすなわち「哲学」だというわけです。しかし、実際に哲学史に名前が出てくる人たちが書き残した文章を読んでみますと、彼らの思索は必ずしも「神」や「霊魂」といった宗教的な要素の排除を目的としていたわけではないこともわかります。

また、哲学とは「考えること」であるのに対して宗教は「信じること」である、と両者の違いについて説明する人もいます。それも必ずしも間違いというわけではありません。しかし、少なくとも古代ギリシアで始まった哲学は、まずはこの世の「始まり・原理」(アルケー)を探求しようとするものであり、宗教的な用語や概念を排除することそれ自体が主眼だったわけではありません。重要なのは、抽象的な概念を駆使して論理的に考え、詩や神話に書かれていたものや何かしら既存の見解を無批判に権威として扱ったりせず、それらを批判的に検証して他の見方や他の可能性もありうることを示す、という思索の姿勢にあったと言うべきだと思われます。

「神が世界の知性である」

一例として、最初の哲学者とされる紀元前六世紀のタレスを見てみましょう。

タレスは、太陽の大きさは太陽の軌道円の七二〇分の一であり、それはちょうど月の大きさが月の軌道円の七二〇分の一であるのと同じだと言ったとされています。また、一年を三六五日にわけて、ひと月の最後の日を「第三〇日」と呼んだのも彼が最初で、二直線が互いに交わる時に対頂角は等しいことを最初に発見したのも彼だと言われています。タレスはある晩、夜空を見上げて星の観察に夢中になるあまり、溝に落ちてしまいました。その時そばにいた老婆から「学者というものは遠い星のことはわかっても自分の足元のことはわからないのか」と笑われたという逸話もあります。また彼は、ある人から、この世でもっとも困難なことは何かと質問されて、それに対して「それは自分自身を知ることだ」と答え、では逆にもっとも簡単なことは何かと聞かれたのに対しては、「それは他人に忠告することだ」と答えたとも伝えられています。「汝《なんじ》自身を知れ」という言葉はソクラテス以前からあるもので、タレスがそれを言った最初の人物だという説もあります。

さて、このようにいろいろな逸話があるタレスは、この世の万物の根源・原理は「水」であると考えました。存在するあらゆるものは水から生成し水に返るというわけです。初期の哲学者の多くはすべてのものの原理を探求し、自然を総合的・統一的に説明しようとしたので、彼らは「自然哲学者」とも呼ばれてきました。タレスは万物の原理を「水」だとしたわけですが、では彼は神や霊魂といったものを完全に排除していたのかといいますと、そういうわけではありません。タレスは、「神が世界の知性であり、万有は生きており、同時に神々に満ちている」(日下部吉信訳)とも言ったと伝えられており、水から万物を作り出すその精神は「神」であるとも考えていました。数学や天文学にも通じていた最初の哲学者タレスにとっても、「神」は世界について説明するうえで依然として不可欠なものだったのです。

宗教的なピュタゴラス

また、ピュタゴラスといえば、直角三角形の斜辺をその一辺とする正方形の面積は他の二辺それぞれを一辺とする正方形の面積の和に等しい、といういわゆる三平方の定理で有名です。一般にピュタゴラスには数学者としてのイメージが強いかもしれませんが、そんな彼には、魂の不死、および輪廻《りんね》と死後の応報を信じて禁欲的生活を勧める宗教的指導者のような側面もありました。ピュタゴラスは、自分は二〇七年ものあいだハデス（冥界）で暮らした後にこの世にもう一度生まれ変わってきた、などとも述べていたようです。また彼は、ある人が子犬をいじめているのを見かけた際に、「よせ、打《ぶ》つな。それはまさしく私の友人の魂なんだから。啼《な》き声を聞いて、それと分ったのだ」（加来彰俊訳）と言ってやめさせたという不思議なエピソードも伝えられています。彼は弟子たちから「神の声を取り次ぐ者」とも呼ばれていました。ピュタゴラス派の人々は、さまざまな戒律を守って生活する宗教的秘密結社のようなものであり、彼らにとって学問の究極的な目的は魂の救済であるとも考えられていました。

こうした彼ら、およびその他の初期の哲学者たちは、数学、幾何学、天文学、医学などにも通じていました。彼らによる「万物の原理」の探求を、自然科学の萌芽《ほうが》と見ることもできます。しかし、そのような探求をする哲学者でありながら、同時に宗教的な概念を用いること、宗教的な発想をすること、宗教的な生命観をもって生きることは、必ずしも矛盾するものではなかったのです。

宗教を批判するが、神は否定しない

もちろん、この頃の哲学者たちがみな「神」や「宗教」に対して無批判的だったわけではありません。紀元前六世紀のクセノパネスは、ホメロスやヘシオドスによって書かれたような、人間化された神観を強く批判していました。彼は、もし馬や牛が手を持っていたならば、馬たちは馬に似た神々の姿を描き、牛たちは牛に似た神々の姿を描いただろう、と皮肉を言っています。そして、さらに、「エチオピア人たちは自分たちの神々が獅子《しし》鼻で色が黒いと主張し、トラキア人たちは眼が青くて髪が赤いと主張する」（日下部吉信訳、以下同）とも述べています。そこだけを読めば、それぞれの社会にはそれぞれ異なる宗教がある、という宗教を相対的に眺める宗教学的な視点をもっていたようにも見えます。しかし、彼の主眼は、あくまでも神人同形同性説への批判でした。クセノパネスは「神」そのものを否定していたのではなく、あくまでも、「神」を自分たち人間と同じように服を着ていたり会話をしたりするような存在として捉えることを批判していたのです。クセノパネスによれば、「神はひとつ」であり、「その姿においても思惟《しい》においても、死すべきものどもに少しも似ていない」とされます。そんな神は「全体として見、全体として思惟し、全体として聞く」、「労することなく、心の想いによってすべてを揺り動かす」ものだとされました。したがって、クセノパネスは確かに既存の宗教を批判しましたが、だからといって厳密な意味での無神論者だったわけではありません。むしろ、「神」を強く意識していたからこそ、自分の神観と異なる宗教を批判したわけです。

「万物は魂と神々に満ちている」

同じく紀元前六世紀のヘラクレイトスは、「万物は流転する」と考えたことでよく知られている人物です。彼は、川の水は流れているので常に入れ替わっていくことを指して、「君は同じ川に二度足を踏み入れることはできない」とも言ったと伝えられています。そんな彼も、ある種の宗教には批判的でしたが、神そのものを否定したわけではありません。彼はギリシアの神々を祀《まつ》ったりする当時のさまざまな宗教的儀式に対して「実にけがらわしい」とさえ言いました。そこで具体的に念頭に置かれていたのは、夜参りとか、まじないとか、バッコスを祀ったりすることや、その他のさまざまな密儀です。タレスが万物の根源を「水」であるとしたのに対して、ヘラクレイトスは「火」であるとして、次のように述べました。「この世界はすべてに同じであって、神々にせよ人間にせよ、誰かが造ったというようなものではない。むしろ一定量だけ燃え、一定量だけ消えながら、永遠に生きる火として常にあったし、〔今も〕あり、〔将来も〕あるであろう」（日下部吉信訳、以下同）。

ヘラクレイトスの考えは、「万物は火から形成されており、火へと解消される」というものでしたが、同時に「万物は魂と神々に満ちている」とも考えられていました。また彼は、「人間の中でもっとも賢明な者も、神に比べれば猿のごとくに見えるであろう。知恵の点においても、美しさの点においても、その他すべての点において」とか、「神にとってはすべてが美であり、善であり、正義であるが、人間どもはそのあるものを不正と考え、あるものを正義と考える」と言ったとも伝えられています。ヘラクレイトスもまた、ある種の宗教は批判しつつも、完全に「神」抜きで世界や人間について説明しようとしたわけではなかったわけです。

神々に対するちょっぴり冷めた見方

神については、肯定か否定のどちらかという二択ではなく「わからない」という立場をとる者もいました。プロタゴラスがその一人です。「万物の尺度は人間である」という言葉で有名なプロタゴラスですが、彼は次のようにも述べています。「神々については、それらが存在するということも、存在しないということも、私は知ることができない。なぜなら、それを知ることを妨げるものが数多くあるのだから。事柄が不明確であるのに加えて、人生は短いのだから」（加来彰俊訳）。彼は、神は「存在する」とも「存在しない」とも確かなことは言えないとして、「神」に関する認識についての判断中止を主張したわけです。このような考え方は、今では「不可知論」と呼ばれ、厳密な意味での無神論とは区別されますが、当時はこうした主張は極めて不《ふ》敬虔《けいけん》だとみなされました。そのため、彼は告発されてしまい、結局アテネから追放され、その著書も広場に集められて焼かれてしまったのでした。

一方、紀元前六世紀のテアゲネスは、「神々」を、自然力または倫理的原理が擬人化されたものだと考えました。神話の寓意《ぐうい》的《てき》解釈の先駆と言っていいでしょう。このような見方のことを「アレゴリズム」（寓意説）と言います。原子論を唱えたことで知られるデモクリトスもまた、昔の人々は雷鳴や稲妻、星や日食や月食などに驚いてそれらの原因を「神々」に帰したのだ、と考えたようです。紀元前三世紀になりますと、エウヘメロスという人物が、「神々」というのは過去の偉大な人間が神格化されたものだとする神話の歴史的解釈を唱えました。これを彼の名前から「エウヘメリズム」（エウヘメロス説）と言います。近代にいたるまで、神話はしばしばこうしたアレゴリズムやエウヘメリズムによって解釈されてきました。このあたりに関しては、近代以降の宗教学的な視点とかなり近い見方になっていると考えてもいいかもしれません。

宗教は民衆をコントロールするためのもの?

また、紀元前四五五年頃に生まれたソフィストの一人、クリティアスは、「神々」というのは人間が隠れて悪事をすることがないようにするために賢い人間が発明したものである、という見方をとりました。法律だけでは市民を絶えず監視することはできないので、ちょっと頭のいい人が神に対する恐怖心を利用して民衆の行動をコントロールしようとしたというわけです。クリティアスのこうした見方も、しばしば古代における無神論の例の一つとされます。ただし、彼としてはこうした見方によって宗教を批判するというよりも、むしろ社会には神々への信仰が必要であり、宗教は社会に好都合なものだというふうに考えていたようです。宗教は民衆を支配するための政治的な道具に他ならない、という主張は二〇世紀にもなされましたが、そうした見方の大枠は、キリスト教が生まれる何百年も前からあったとも言えます。

紀元前五世紀のディオゲネスという人物がいます。彼は身なりには無頓着で、大樽《おおだる》を住み家とする少々変わった人物でもありました。彼はある日、人から「あなたはどこの国の人か」とたずねられた際に「世界市民（コスモポリテース）だ」と答えたと伝えられています。世界市民という言葉を作ったのは彼で、それは後にストア学派の隆盛とともに洗練され、広まっていったようです。そんなディオゲネスは、ある日、神殿を管理する役人たちが、宝物のなかから儀礼用の盃《さかずき》を盗んだ男を逮捕して、連行して行くのを見ました。すると彼は、「大泥棒たちが、こそ泥を引き立てて行くよ」（加来彰俊訳）と皮肉を言ったと伝えられています。このエピソードの前後の詳しい文脈は不明ですが、彼がこうした言い方をしたのは、つまり「宗教」なんていうものも所詮《しょせん》はこの世の人間が作った制度・組織の一つに過ぎないと冷めた目で見ていたからかもしれません。

いわゆる懐疑主義という立場は、紀元前四世紀から紀元前三世紀にかけて生きたピュロンから始まったとされています。ピュロンないしは後のピュロン主義者たちによれば、同じ事柄が、ある人たちのところでは正しくても、他の人たちのところでは不正なことだという例は珍しくありません。つまり何が真実であるかについては判断を保留にせざるを得ない、というわけですが、それについて説明する上で宗教も例に出されています。例えば、神の摂理を信じる人もいれば信じない人もいますし、信じるにしても、それぞれによって信仰する神が違います。死者を葬るにあたっても、エジプト人はミイラにし、ローマ人は火葬にし、パイオニア人は湖に投げ込むといった違いがあります。どれが決定的に正しいと言えるわけではなく、真実が何であるかについては判断を保留にすることになる、というわけです。

ソクラテスの告訴状

哲学者ソクラテスの名は、「無知の知」という言葉とともに、誰もがご存知だと思います。彼は七〇歳の時に告発されて、裁判にかけられ、死刑に処せられました。イエスが生まれる四〇〇年ほど前のことです。その公式の告訴状は次のようなもので、彼は第一には「不敬神」の罪で訴えられたとされています。

「ソクラテスは、ポリスの信ずる神々を信ぜず、別の新奇な神霊《ダイモーン》のようなものを導入することのゆえに、不正を犯している。また、若者を堕落させることのゆえに、不正を犯している」（納富信留訳、以下同）

ソクラテスを訴えた中心人物のメレトスは、ソクラテスのことを、無神論者で若者たちをたぶらかして喜んでいる悪徳教師だと喧伝《けんでん》したのです。しかし、プラトンによる『ソクラテスの弁明』などを読む限りでは、ソクラテスは決して無神論者ではなく、むしろ明らかに有神論者でした。

ある日、ある人物がデルフォイの神殿で、ソクラテスよりも知恵のある者はいない、という神託を受けとりました。それを伝え聞いたソクラテスは、自分自身を少しも知恵のある者だとは思っていなかったので困惑しました。そこで、彼は神の意図を知るために、世間で知恵があるとみなされている幾人かのもとを訪れて、対話を試みました。彼らと対話を重ねたことでソクラテスが気付いたのは、次のようなことでした。すなわち、自分も彼らも何か立派なことや善いことを知っているわけではないのだけれども、彼らは知らないにもかかわらず、知っていると思い込んでしまっています。それに対して、ソクラテスは、自分は知らないと思っています。そのわずかな一点において、自分はこの人たちよりも知恵がある、というのが神託の意味だったのだと彼は気付いたというわけです。

神を「信じ」たソクラテス

ソクラテスはデルフォイの神託を「信じ」ていたからこそ、その意味を知ろうとして世の中で知恵ある者とされている人たちのもとへ足を運び、対話を試みました。彼らと対話をすると、彼らが自分では知恵があると思っているが実はそうではないということを暴露することになり、つまり恥をかかせてしまうので、その人たちから憎まれる、ということもソクラテスは十分に自覚していました。憎まれ、嫌われる、とはわかっていたにもかかわらず、それでも彼は「神のことをなによりも大事にしなければならないと考え」、「神に従って探求するために、そうした対話を続けたのです。ソクラテスは次のようにも言っています。「そうして私は、今もなお歩き回ってはこのことを探求し、神に従って、街の人であれ外国の人であれ、知恵があると私が思う人がいたらと探し求めているのです。そして、その人に知恵があると私に思われなかったら、神のお手伝いをして、知者ではないということを示すのです」。ソクラテスは、明らかに神の存在を前提としています。

彼は、「アテナイの皆さん、私はあなた方をこよなく愛し親しみを感じています。ですが、私はあなた方よりもむしろ神に従います」、とも述べています。そして法廷で一連の弁明を済ませた後には、この裁判の判決について「あなた方と神にお任せします」と結びました。そして有罪の判決が出された後、この『ソクラテスの弁明』の最後は、「もう去る時です。私は死ぬべく、あなた方は生きるべく。私たちのどちらがより善き運命に赴くのかは、だれにも明らかではありません。神は別にして」という言葉で締めくくられます。ソクラテスには理性主義者的な側面がありましたが、同時に神秘家的な側面もあり、彼は霊魂の不滅を信じて死んでいきました。少なくとも、プラトンによって描かれたソクラテスの中には、最初から最後まで常に「神」があったのです。

プラトンの宗教論

紀元前四二七〜紀元前三四七年のプラトンはソクラテスの弟子にあたる哲学者で、多くの著書を残しました。彼は『法律』の第一〇巻で、宗教に関する誤った考え方を三つのタイプに分けています。

まず一つ目は、神々など存在しないと考えるもの。二つ目は、神々は存在するけれども人間たちに対しては無関心であると考えるもの。三つ目は、犠牲を捧《ささ》げたり祈ったりすることで神々をコントロールすることが可能だと考えるものです。プラトンはこれらの立場一つひとつについて検討し、神々は存在しており、神々は人間について配慮していて、神々を贈り物などで買収することはできない、ということを論じました。そして、誤った考えを持つ者たちについては矯正所に入れなければならないとしています。矯正所に入れられている間、一般市民は彼らと接してはならず、選ばれた一部の人だけが説諭して彼らの魂を救うために訪れることができるとするなど、細かな規定も書かれています。収容された者は、そこで健全な精神を取り戻せば釈放されますが、そうでない者は死刑によって罰することもあるとされるなど、非常に厳しい処罰が想定されていました。

『無神論の歴史』を書いたジョルジュ・ミノワは、こうした点を指して、プラトンは宗教的不寛容、異端審問裁判所、強制収容所の三つを一挙に考え出した、と述べています。プラトン的な考え方によって、無神論は理性の喪失であるのみならず、不誠実で、道徳的にも卑しいとさえみなされるようになってしまった、というわけです。ミノワによれば、プラトンは「二千年の間無神論に重くのしかかることになる侮蔑的な見解の大本」であり、「ぬぐい去ることのできない汚点を無神論者に刻印した」（石川光一訳）のだとされています。

神は人間的な事柄を配慮するか

アリストテレスはプラトンの弟子で、アレクサンドロス大王の家庭教師もつとめたことがあり、今では「万学の祖」とも称される哲学の巨人です。そんな彼もまた、「神」という概念を排除しておらず、むしろ重要な概念として用いています。『形而上学』では人間と自然のすべてにおける第一運動因（不動の動者）こそ「神」であるとしています。『ニコマコス倫理学』にもさまざまな文脈で「神」や「神々」という言葉が出てきます。ここでは詳述しませんが、アリストテレスの思想は後のキリスト教神学の形成にも大きな影響を与えました。

このあたりの時代のギリシア人にとって、神が文字通り存在しないという意味での無神論はかなり極端な立場だったようです。当時の宗教上の論点は、神々が存在するか否かというものよりも、神々は人間的な事柄を配慮すると信じるか、それとも人間的な事柄には関心を持たないと信じるか、という点だったとも言えるようです。トラシュマコスというソフィストは後者の立場をとり、次のような主旨のことを言いました。すなわち「神々は人間たちのことなど気にかけてもいない。もし、気にかけていたなら、神々はきっと、人間たちにおける最大の善、すなわち正義に目を向けてくれていたであろう。じっさい、われわれは、人間たちが正義など用いていないのを見るのである」（中澤務訳）。つまりトラシュマコスは、この世では正義が十分に実現されていないという現実を指して、「だから神は存在しない」と言っているのではなく、「神は人間のことなど何も気にかけない」と言っているわけです。この議論は、神が存在するならなぜ悪があるのか、という第三章のテーマと関連させて考察することもできるかもしれません。

エピクロスにおける「神」

紀元前四世紀半ばから紀元前三世紀後半にかけて生きた哲学者に、エピクロスという人物がいます。エピクロスが生きたのは、ギリシアの諸ポリスが抗争を繰り返し、文化的にも衰退が目立つ困難な時代でした。しかし、そんな中でこそ彼は「いかにして人は幸福であることができるか」を考えました。幸福のためには「快楽」を追求することになりますが、エピクロスの言う「快楽」とは、贅沢《ぜいたく》で放蕩《ほうとう》な生活を送ることではありません。ただ肉体において苦しまず、魂において混濁しないことだとされました。そのため、彼は、実際には禁欲的な生活を賛美し、自身もそのように生きました。欲望を理性によってコントロールし、欲望の数を減らしてわずかなもので満足できた方が幸せだからです。彼は当時の政治に関わることもやめ、個人的な心の平静を求めようとしました。「隠れて、生きよ」という彼の言葉は、社会変革に身を捧げてストレスフルな生活をするよりも、そうしたものから身を退けて、身体的にも精神的にも、あらゆる煩いから解放されようという意図に基づいています。

そしてエピクロスは、「魂の平静」(アタラクシア)を得るためには、それを阻害するものを取り除かねばならないとの考えから、人々を迷信(宗教)による恐怖からも解放しようとします。といっても、エピクロスは単純な意味での無神論者ではありません。彼は、神々は確かに存在している、と述べています。ただし、その神々というのは当時の人々が信仰していたようなものではありません。エピクロスの哲学は、デモクリトスの原子論を引き継いだ原子論的唯物論で、無数の原子が無限の空虚のなかを動いており、あらゆる事物はそれらの原子の合成によってできていると考えるものでした。彼はそのような前提に基づいて、この宇宙、天体、気象、時間、霊魂、さらに視覚や聴覚や嗅覚などについて論じています。そうした世界観の一部として、彼は、神々は「不死性」と「至福性」とを本性として「ある」と考えたのです。

妙な「神」を信じている方がよっぽど不敬虔

当時の多くの人々のあいだでは、神々にまるで人間と同じような性格が押し付けられて、神なのに人間に対して怒ったり、喜んだり、恩恵や罰を与えたりするなど、何かとこの世に干渉してくるものと認識されていました。エピクロスは、そうした神々を否認することは少しも不敬虔ではなく、そんなものを信仰している彼らの方がよっぽど本来の神に対して不敬虔なのだ、と考えました。エピクロスは、「もし神が人間の祈りをそのまま聴き届けていたならば、人間はすべて、とっくの昔に亡《ほろ》びていたであろう。というのは、人間はたえず、たがいに、多くのむごいことを神に祈ってきているから」（出隆・岩崎允胤訳）とも言っています。

神々は不死性と至福性をもっているがゆえに人間には無関心であるのに、それにもかかわらず、誤った神観によって人間が不必要に動揺したり、死後について無用な不安を抱えたりするのはよくない、と彼は考えたのです。「魂の平静」を得るためには、そうした迷信的・宗教的な煩いからも解放されねばならないとしました。このように、エピクロスは、単純に神を信じないという意味での無神論者だったのではなく、むしろ彼なりに「神」を認めていたからこそ当時の宗教を批判して、そのようなものに煩わされたり悩まされたりしないようにと、人々を宗教からも救おうとしたのでした。

宗教に批判的な立場の諸相

このように、キリスト教が誕生するはるか以前から、宗教については批判的な立場を含めていろいろな考え方がありました。ソクラテスやプラトンの時代から何百年も経過して、やがてキリスト教が現れてからは、その思想や影響力を念頭に、宗教に対するさらにさまざまな批判もなされるようになっていきます。ただし、一口に宗教に批判的な立場・思想といっても実にいろいろなものがあります。ここではその思想史を概観することはいたしませんが、その分類の大枠をざっと見てみましょう。

まず一つ目は、公的な領域から宗教的要素を排除しようとする「世俗主義」。二つ目は、結婚式や葬儀などを非宗教的な儀礼によって代替しようとする「ヒューマニズム」。そして三つ目は、神やその他の超越的なもの一切を否定しようとする「無神論」です。「無神論」は哲学的・理論的な宗教批判で、「ヒューマニズム」は日常生活における実践的な批判、「世俗主義」は政治的な次元における批判、と言ってもいいかもしれません。ここでいう「ヒューマニズム」は、これまで日本語で「人道主義」「人文主義」などと訳されてきたものとは別の意味を持つものなので、あえてカタカナでそのまま「ヒューマニズム」とします。これら三つはそれぞれ完全に分かれているわけではなく、重複する部分もありますが、いずれにしても、宗教に対する批判というのはただ哲学や思想のレベルのものだけではなく、日常生活や政治的文脈とも関わる問題として見ていく必要があります。

「無神論」という概念の広さ

そして「無神論」というよく知られている言葉も、実際の使われ方はそう単純ではありません。さまざまな角度からの無神論に関する基本論文を何十本も集めた『オックスフォード無神論ハンドブック』という約七〇〇ページの本があります。その冒頭にある無神論の定義に関する論文では、この概念を大まかに定義するならば、「神ないしは神々が存在するという信仰の欠如」であるとしています。ただし、細かくみていくと、この概念はけっこう複雑です。神の存在の否定を主張する立場を「積極的無神論」と呼び、ただ神の存在に関する信仰があるわけではないという立場を「消極的無神論」と呼んで両者を区別することもあります。神を積極的に否定しなくても、神がいるかどうかはわからないとする立場（いわゆる「不可知論」）や、神という問題にそもそも無関心な立場（いわゆる「無宗教」）も、広い意味での「無神論」に入れられることがあります。ある時期は無神論者だとして糾弾された哲学者が、後の時代の人によって「最高の有神論者」だと評価されたりすることもあるように、これは必ずしも不変のカテゴリーではありません。

たとえ神を信じていても、その「神」が別の人たちが信仰している神とは違う神である場合は、相手の人々から「無神論者」だと非難されるという例がこれまでにもありました。例えば、キリスト教徒は多くの日本人の目からすれば明らかに「有神論者」ですが、初期のキリスト教徒たちは当時のローマの宗教を否定したので、ローマの人々からは「無神論者」だと非難され、迫害を受けました。そうしたキリスト教徒たちからすれば、自分たちを迫害する彼らこそ、本当の神を信じていないという点で「無神論者」に他ならなかったのです。同じキリスト教の内部でも、カトリックとプロテスタントが争っていた時代は、それぞれが相手は神を正しく信仰していないとして「無神論者」だと罵倒し合っていました。この言葉は必ずしも対象となる思想を冷静に厳密に検討した上で用いられてきたとは限りません。ただ相手を、社会的、政治的に非難し、時には暴力的に攻撃する際のレッテルとして使われることも多かったのです。

ニーチェの「神は死んだ」

一九世紀の哲学者ニーチェの『悦ばしき知識』という著作に、「神は死んだ」という言葉が出てきます。この言葉は一般にもよく知られていますので、彼こそ無神論の代表的人物だと思っている人は多いかもしれません。確かに彼の『アンチクリスト』（反キリスト）は極めて辛辣《しんらつ》なキリスト教批判の書物です。彼はキリスト教を「同情の宗教」であると言い、「現実に対する徹底的な敵意の形式」（西尾幹二訳、以下同）に他ならないとも述べています。そして、信仰とは「畢竟《ひっきょう》、今さら治癒しようもないまやかしの様相に苦しまないために、ひと思いに、わが眼を自分に対して閉ざしてしまうこと」に他ならないとします。ニーチェは、仏教はキリスト教よりも百倍も冷静で、誠実であるとしたうえで、キリスト教の信仰によって満たされるはずの欲求というのは「病的」で「低劣」で「俗悪」であって、つまりは信仰そのものも同じように病的・低劣・俗悪なのだ、と容赦しません。ただし、ニーチェのキリスト教批判において重要なのは、彼は決してイエスを批判しているわけではないということです。彼は『アンチクリスト』の半ばで、キリスト教の本当の歴史を物語ることにしよう、と言って次のように述べています。

「つき詰めていけば、キリスト教徒はただ一人しかいなかった。そしてその人は十字架につけられて死んだのだ。「福音」は、十字架上で死んだのだ。この一刻を境にして、以後「福音」と呼ばれたものは、すでに、この人物が身をもって生きたものの反対物であった。すなわち、「悪しき音信」であり、禍音であった。キリスト教徒であることのしるしを「信仰」のうちに、例えばキリストによる救済信仰のうちに見るがごときは、ばかばかしいほどの誤りである。ひとえにキリスト教的実行、十字架上で死んだ人が身をもって生きたような生活のみが、キリスト教的なのだ」

ニーチェはこのように述べ、決してイエス自身を批判することはなく、むしろ敬意を抱いていたと言ってもよさそうです。ニーチェの目には、イエスが死んで以降の「キリスト教」は、イエスの生き方とは正反対のものでした。彼は次のようにも述べています。「イエスは神と人間との間のいかなる隔絶をも認めなかったはずである。彼は神と人間との一体感を、己れの「福音」として生きた人であった」。ニーチェによれば、イエスの死後の弟子たちは、イエスのような規範的な死に方、ルサンチマンの感情をことごとく超え出たあの自由感、超越感を、全く理解しなかったのだと言います。そして、「審判」とか「再臨」の教え、「犠牲」としての死や「復活」の教えなどがまじり込んできてしまい、「福音の一にして全なる現実性をなすものが、どこかへ消えてなくなってしまった」のだと述べています。ニーチェの批判の矛先は、後の弟子たちと「教会」、そして特にパウロに対して向けられています。ニーチェによれば、パウロにおいて「憎悪の仮借ない論理の天才」が具体化されているといいます。そして、「イエスの生活、規範、教え、死、つまり福音全体の意味と正義は、この贋金《にせがね》つくりが憎悪に駆られてここから自分に必要なものだけを摑《つか》み出したとき、もう後には何ひとつ残ってはいなかった」と実に手厳しくパウロを批判します。ニーチェが『アンチクリスト』で辛辣に攻撃しているのは、イエスではなく、後の人々によって歪《ゆが》められたキリスト教と、それに関連する神学者や哲学者たちでした。

神の死の神学

ニーチェはあくまでも「神は死んだ」と言ったのであって「神は存在しない」と主張したわけではありません。ニーチェは決して単純な意味での無神論者ではなく、実はキリスト教に対して畏敬の念を持ち続けたのではないかと考える研究者もいます。ニーチェ自身について、ここではあまり込み入った言及はいたしませんが、「神の死」という言葉は必ずしも彼だけのものではないということだけ、付け加えておきたいと思います。

といいますのは、もちろんキリスト教の内部では、その言葉に反発する人や、無視する人もいました。しかし、一部の神学者たちは「神は死んだ」というその言葉を単なるキリスト教批判や無神論の標語としてではなく、むしろ神学的な主題として、積極的に受け入れようともしたのです。そうした立場から新たに構想された神学は「神の死の神学」と呼ばれました。それは、現代人においては従来的な「神」という言葉を用いることはもう困難であること、あるいは「神」概念は有効性を失ったことを受け入れるしかないとした上で、あらためて真の絶対他者としての神を見つめようとする試みでした。

この「神の死の神学」それ自体は主に一九六〇年代のアメリカにおける一時的な流行で終わりましたが、現代において避けられない課題を示した点では無視できないものだと思います。

「存在しない神に祈る」

宗教家や信徒たちは、信仰を持っており、つまりは神を「信じ」ています。ただし、そうであるからといって、彼らは必ずしも単純に「神は存在します」「神を信じています」と口にするわけではありません。「神」や「信仰」についてよく考えている人ほど、むしろそういう安易な言い方には慎重になるようにも見えます。なかには、明らかに信仰があるものの、一見したところ無神論者のような言葉を残している例も少なくありません。簡単に幾人かの言葉を紹介しましょう。

まず、三四歳で死んでしまったフランスの思想家、シモーヌ・ヴェイユという人がいます。ヴェイユは明らかにキリスト教徒だったと言っていい人物ですが、彼女の死後に刊行された

『重力と恩寵《おんちょう》』という断想集には、次のような言葉があります。

「浄めのひとつの様態《モード》。他の人びとに知られず隠れて祈るだけでなく、神は存在しないのだと考えて祈ること」（冨原眞弓訳、以下同）

この前半の「他の人びとに知られず隠れて祈る」という部分は、福音書にある記述（マタイによる福音書6：6）を念頭においているだけなので、さほど気にする必要はありません。問題は、後半の「神は存在しないのだと考えて祈る」という部分です。普通に読めば、神の存在を否定してしまっているように見えるかもしれませんが、もちろんヴェイユは決して無神論的な主張をしようとしたわけではありません。彼女はむしろ誰よりも「神」について考え、「神」を思い続けた人でした。しかし、社会のさまざまな問題を誠実に直視して、それに取り組み、それに悩み、この世のさまざまな理不尽や不幸にもかかわらず、それでもなお「神」に「祈る」とはどういうことかについて考え抜いた彼女は、このような逆説的な表現をするしかなかったのです。新約聖書学者の田川建三が『批判的主体の形成』という本のなかで、彼女のこの言葉に関する秀逸なエッセイを書いています。ぜひお読みになるといいでしょう。ヴェイユは他に、次のような言葉も残しています。

「おのれの救済を欲する人びとは、神における歓びの実在性をほんとうには信じていない」

「神の臨在を体験していないふたりの人間のうち、神を否認する人間のほうがおそらく神に近いところにいる」

ヴェイユは純粋に信仰を突き詰めようとしたがゆえに、神や人間についてこのような言い方を選びました。信仰があるからといって、誰もが単純に神の「存在」を肯定しているわけではないのです。

「神は存在しない」

次に、ヴェイユとは全く違うタイプの思想家で、先ほどもあげたパウル・ティリッヒの言葉を紹介しましょう。彼はドイツ出身でアメリカに亡命したプロテスタントの牧師・神学者で、哲学的な神学の著作を多く残しました。彼の主著『組織神学』のなかに、次のような一節があります。

「神は存在しない。神は本質と実存をこえた存在それ自体である。だから、神が存在すると論じることは、神を否定することである」（拙訳）

このようにこの文章だけを抜き出しますと、神学者であり牧師でもある人物が「神は存在しない」と言ってしまっているわけですから、ちょっと驚かれるかもしれません。しかし、もちろんここでティリッヒは、信仰を捨てて無神論を主張しているわけではありません。彼によれば、「神」というのはコップや机のようなさまざまな存在物のなかで頂点に立つものなのではなく、「存在それ自体」「存在の根底」であって、他のさまざまな物体が存在するのと同じようなレベルでの存在ではないと考えているのです。彼の存在論的神学によれば、神というのは存在物を存在せしめているものなので、神それ自体が一つの具体的な存在であってはなりません。神を他の諸存在と同じように「存在している」と言うことは、誤った神理解だとみなされるのです。この引用の「神は存在しない」という一文は、神そのものを否定していわけではなく、むしろ神というものを真に肯定するためにはどう表現すればいいかを考えたうえでの言い方だということになります。

「神なしで生きる」

ティリッヒと同時代のドイツの神学者に、ディートリッヒ・ボンヘッファーという人がいます。ボンヘッファーは二一歳で博士号をとり、二四歳で教授資格論文もパスするという極めて優秀な神学者でした。ただ、彼は第二次大戦中にナチスに対する地下抵抗運動に参加し、逮捕されてしまいます。最終的にはヒトラーが死ぬわずか三週間前、三九歳で絞首刑に処せられてしまいましたが、それまで獄中から多くの書簡を書きました。それらのうちの親友に宛てて書かれた書簡のなかで、彼は次のような言葉を残しています。

「神は、われわれが神なしに生活を処理できる者として生きなければならないということを、われわれに知らせる。われわれと共にいる神とは、われわれを見すてる神なのだ(マルコ15：34)。神という作業仮説なしにこの世で生きるようにさせる神こそ、われわれが絶えずその前に立っているところの神なのだ。神の前で、神と共に、われわれは神

なしに生きる」（村上伸訳、以下同）

特にこの最後の一文、「神の前で、神と共に、われわれは神なしに生きる」というのは、なかなかミステリアスな一文ではないでしょうか。ボンヘッファーは、今日の自分たちにとって、そもそもキリスト教とは何なのかという問題を真剣に考えました。彼はすでに当時の世界を、簡単に神やキリストについて語ることはできない時代になったと捉えます。彼は「われわれは完全に無宗教の時代に向かって歩んでいる。人間はもはや、今そうであるように単純に宗教的ではありえない」とも述べています。「神という作業仮説」の助けをかりることなくあらゆる問題を処理できるようになった時代のことを、ボンヘッファーは「成人した世界」とも呼ぶのですが、彼は「成人した世界はより無神的だが、おそらくそれゆえに成人していない世界よりも神に近いだろう」と逆説的な言い方もしています。ボンヘッファーは、成人した世界＝神なき時代という現実を真剣に誠実に受け入れてこそ、真実な神信仰へと通じるのだと考えました。この引用の最後の部分「神なしで生きる」というのは、そうした考えを強調するためにあえてなされた表現であり、一般的な意味での無神論ではありません。むしろ、究極の信仰を意味すると言ってもいいでしょう。先ほど触れた「神の死の神学」の神学者たちも、このボンヘッファーから強い影響を受けています。

「神を棄てる」「仏を殺せ」

ヴェイユやティリッヒやボンヘッファーより六〇〇年以上前の思想家に、マイスター・エックハルトという人がいます。彼は信仰について述べている説教のなかで次のように言っています。

「人が捨て去ることのできる最高にして究極のものとは、神のために神を捨て去るということである」（田島照久訳、以下同）

「神を捨て去る」とは、なかなか刺激的な表現ではないでしょうか。ここでエックハルトは、新約聖書におけるパウロの言葉（ローマの信徒への手紙9：3）を念頭に、次のように続けています。「ところで聖パウロは神を神のために捨て去った。彼は、神から受けとることのできたすべてを捨て去ったのであり、神が彼に与えることのできたすべて、彼が神から受け容れることのできたすべてを捨て去ったのである。彼がこれを捨て去ったとき、その時に彼は神を神のために捨て去ったのであった。そしてそのとき、彼に残されたのは神であった」。エックハルトは「神を捨て去ること」が最高にして究極のものだと述べていますが、もちろんこれも、神の肯定と信仰ゆえの逆説的な表現です。

このエックハルトの「神を捨てる」という一文を読みますと、文脈や主旨はまったく異なりますが、逆説的な表現という点において、『臨済録』の「仏に逢ったら仏を殺せ」という有名な一節を連想します。臨済は「仏に逢《あ》えば仏を殺し、祖師に逢えば祖師を殺し、羅漢に逢ったら羅漢を殺し、……そうして始めて解脱することができ、なにものにも束縛されず、自在に突き抜けた生き方ができるのだ」（入矢義高訳）と語りました。もちろん彼は、「仏を殺せ」と言うことで仏教や仏陀を否定しているのではなく、彼なりに信仰のありかたを突き詰めたうえでこのような表現をしたわけです。

「信じる」の奥行き

このように、例はあげようと思えばいくらでも出てくると思いますが、宗教を「信じる」という営みにおいては、これらのように逆説的な表現が用いられることが珍しくありません。一見したところ信仰対象に対して否定的であるように見えても、あるいは神の存在を否定しているように見えても、それがむしろ篤《あつ》い信仰のあらわれである場合があります。同じ宗教の信仰をもっている人々のあいだでも、その「信仰」はさまざまに表現されます。一口に無神論といっても多様であるように、神を「信じる」という行為をどのように捉え、どのように表現するのかも実に多様です。

ある人は「神は存在しないのだと考えて祈る」と言い、またある人は「神が存在すると論じることは、神を否定することである」と言い、またある人は「神の前で、神と共に、われわれは神なしに生きる」と言いました。紙面の都合上、ここでは彼らそれぞれの思想の中身について詳しくは解説できません。ただ、神を「信じ」るからといって、常に誰もが「神が存在する」とか「神さまがいる」というシンプルな語り方をするわけではない、ということです。とりあえずここでは、宗教における「信じる」という佇《たたず》まいの内実は、おそらく一般に考えられているよりも、もう少し奥行きがあるということをイメージしていただきたいと考え、紹介いたしました。

第三章

この世には悪があるのに、なぜ神を「信じ」られるのか

耐えられない試練などない？

この世にはいろいろと、嫌なこと、苦しいこと、悲しいことがあります。

地震、津波、戦争、事故、犯罪、病気、貧困、差別、その他さまざまな不幸や不正義などです。自分自身は何も悪いことをしていないのに、苦しみや悲しみに見舞われることは珍しくありません。なかには、その苦痛や悲嘆から一生抜け出せず、涙と絶望のなかで死んでいく人もいます。人生のすべての日々が笑いと喜びに満ちあふれているべきだとまでは言わなくても、少なくとも、自分に責任のない理不尽な「悪」に苦しめられるのはおかしい、とは誰もが思うものではないでしょうか。

キリスト教では、この世界は神が造ったものだとされ、その神は「愛」であり、「善」であり、かつ「全能」だと考えられています。しかし、善であり全能である神が造ったこの世界にさまざまな苦しみや悲しみがあるなんて、矛盾以外のなにものでもありません。この世にそうした「悪」が存在していること自体が、神なんて存在しないという何よりの証拠である、という主張は昔からありましたし、今でもあります。「悪の存在」は、「神は信じるに値するのか」という問いに直結するので、宗教について検討しようとする際の最も重要なポイントだと言ってもいいでしょう。
キリスト教において、イエスの次に重要な人物であるパウロは、新約聖書の「コリントの信徒への手紙一」の一〇章で、「試練」について次のように述べています。

「あなたがたを襲った試練で、人間として耐えられないようなものはなかったはずです。神は真実な方です。あなたがたを耐えられないような試練に遭わせることはなさらず、試練と共に、それに耐えられるよう、逃れる道をも備えていてくださいます」

言いたいことは、わからなくもありません。でも、これはどこまで私たちの現実生活に合致するでしょうか。この世には、現に、災害や戦争や犯罪などに遭い、「神さま、どうか助けてください」と願いながら、必死で逃げまどい、しかしそれにもかかわらず、恐怖と絶望のなかで命を落としたという人がいくらでもいるからです。彼らには「それに耐えられるよう、逃れる道」なんて与えられませんでした。パウロの言っていることは、死んだ人たちのことは棚に上げ、たまたま生き残ることができた人たちへの励ましになっているだけではないでしょうか。私は、どうしても、この言葉に諸手《もろて》を挙げて同意することはできません。これは、不運に見舞われた人や、その家族たちを、さらに傷つける言葉にもなりかねないのではないかとも思ってしまいます。

切実な願いも叶えられない現実

こうした疑問は、パウロに対してだけでなく、キリスト〔救世主〕とされるイエスに対してもぶつけたくなります。例えば、新約聖書の「マタイによる福音書」の一八章で、イエスは次のように言ったとされています。

「どんな願い事であれ、あなたがたのうち二人が地上で心を一つにして求めるなら、わたしの天の父〔神〕はそれをかなえてくださる」

では、本当に人々の「願い」は叶《かな》えられてきたでしょうか。何も「楽して大金持ちになりたい」などと願っているのではありません。もっと本当に切実な願いのことです。多くの人が、事故や犯罪や病気や人間関係など、理不尽な苦しみのなかで、心から「神さま、どうか助けてください」と祈ってきたし、今もそういう人が多いはずです。自分は苦しんでもいい、死んでもいいから、せめてこの息子だけは、娘だけは、助けてください、と悲痛な思いで神に祈った父親や母親も、大勢いるはずです。しかし、神はそうした人たちの祈りをすべて受け入れ叶えてくれることはありません。この世の造り主であり支配者である神は、なぜ、親に虐待されて命を落としそうな幼児も、いじめを苦に自殺しようとしている中高生も、そのまま放置しているのでしょうか。

イエスは別の箇所で、もし本当に信仰を持っているならば、山に向かって「立ち上がって海に飛び込め」と言ってもそのとおりになる、とも言っています。そして「信じて祈るならば、求めるものは何でも得られる」と続けています（マタイによる福音書21：21〜22）。でも、現実には、苦しんで、悲しんで、嘆いて、そのまま死んだり、愛する人を失ったりした人はいくらでもいるではありませんか。では、彼らにはみな「本当の信仰」がなかったからダメだったのだ、ということになるのでしょうか。イエスの言っていることも、パウロの言っていることも、この世のリアルな「悪」の前では、風の前の塵《ちり》のようにしか思えません。

世の中には、明らかに理不尽としか言いようのない、さまざまな悲しみ、苦しみがあります。現に、壮絶な悪があります。本当に、「神さま」なんているのでしょうか。なぜ信徒たちは、この世には明らかに悪があるにもかかわらず、それでも神を「信じ」ることができるのでしょうか。

なぜ神は日本人の「悪」を放置したのか

例えば「平和」に関する問題も、神はなぜ「悪」を傍観しているのか、という問題として捉えることができます。

現在の日本のキリスト教徒の平和主義者たちは、アジア太平洋戦争時の日本人が「天皇」の名のもとに戦争をして周辺諸国に多大な被害を与えたことを批判的に振り返ります。そして日本人に対し、アジア各国での加害行為についての反省を促します。各教派は平和問題についてさまざまな声明を発表したり、総理大臣が靖国《やすくに》神社に参拝したりすると抗議の文書を送ったりもします。二月一一日は「建国記念の日」に制定されていますが、日本のキリスト教界は、これも日本神話に由来するもので天皇制を保持し続けることを意味するとして批判します。そしてキリスト教徒たちのあいだでは、この二月一一日を「建国記念の日」ではなく「信教の自由を守る日」と言い換えるのが定着しているほどです。

確かに、過去の戦争を反省することそれ自体は、正しいことです。キリスト教徒として神《じん》武《む》天皇に関する神話に与《くみ》することはできない、というのもわかります。それはそれでいいでしょう。しかし、よく考えますと、戦争や平和に関するこうした主張や行動は、自らが信仰している「神」に関する重大な難問としても捉えねばならなくなるはずです。すなわち、もし日本の天皇制や軍国主義とそれに基づく戦争が間違っていたというのならば、では、なぜその時に神は、日本人によるそれらの過ちについて沈黙し、放置したのでしょうか。本当に信仰があり、神のことを第一に考えているのであれば、まずは「神がいるのなら、なぜ神は当時の日本人の悪を許していたのか」という、神の正義、神の愛、神の全能性についての疑問が出てくるのが自然だと思います。日本のキリスト教徒たちがそうした問いに頭を悩ませている様子はほとんど見られませんが、素直に考えたら、本来は避けられない問いであるはずです。

もし神が、日本人による戦争を止められなかったのだとすると、神は日本人よりも弱くて無能だということになってしまいます。もし神が、日本人が戦争をすることを止められたのにあえて放置していたのだとすると、神には愛も正義もないことになってしまいます。もしこの世を支配しておられる神が、本当に全能でありかつ正義であるというのならば、では、日本人による戦争という「悪」はいったい何に由来したのでしょうか。ご存知の方がいらっしゃったら、ぜひ教えてください。

「神義論」という問い

キリスト教にかぎらず、多くの宗教における最も重要な問いは、この「なぜこの世には、理不尽な悪や苦難があるのか」というものだと思います。私たちは、悪人が自らの悪事の報いを受けているのを目にしたときは、さほど疑問には思いません。ざまあみろ、とさえ思うかもしれません。しかし、善良な人が理不尽な悪に苦しめられることには、どうしても納得ができません。多くの人は、反射的に「なぜなのか」と問います。これは科学では答えようのない問いです。ほとんどの宗教的な問いは、究極的にはこの点に根ざしている、あるいはこの点に行き着く、といってもいいかもしれません。

そこで、これまで多くの神学者や宗教家たちが、悪の存在、苦難の意味について、議論をしてきました。「神は全能であり善である」というのがキリスト教をはじめとする一神教の大前提ですが、同時に「悪が存在している」というのも否定しようのない現実です。この矛盾を、どう理解すればいいのでしょうか。「苦しみ」「悲しみ」にはいったいどんな意味があるのでしょうか。どうして神は、善人が苦しむのを黙って見ているのでしょうか。こうした一連の議論のことを専門用語では「神義論」と言い、昔も今も、最大の神学的難問であり続けています。

「神義論」という言葉自体は一八世紀の哲学者ライプニッツによって作られましたが、問題の要約としては、同じく一八世紀の哲学者ヒュームの説明がわかりやすいかと思います。ヒュームは『自然宗教をめぐる対話』という本のなかで、次のようにこの問題を要約します。

「神は悪を防ぐ意志はあるが、防ぐことができないのであろうか。そうだとすれば、神は無能力である。神は、悪を防ぐことはできるが、そう意志しないのであろうか。そうだとすれば、神は邪悪である。神は、悪を防ぐことはできるし、そう意志するのであろうか。そうだとすれば、一体どこから悪が生じるのか」（犬塚元訳）

ヒュームはこの問いを、紀元前四～三世紀のギリシアの哲学者エピクロスの提起したものとしてあげています。ということは、こうした問いそのものは、キリスト教が現れるよりもずっと以前からあったということかもしれません。キリスト教が広まってからも、多くの哲学者や神学者がこの問いに向き合い、さまざまな回答を試みてきました。

ただし、神義論はキリスト教における一つの問題というよりも、さまざまな問題にかかわる総合的な議論として捉える必要があります。というのも、神義論的な問いについて考えるうえでは、そもそも「神」とはどのようなものとして考えられるのかとか、そもそも何をもってして「悪」と言うのかとか、「人間」とはそもそもどういう存在であって、人間が持ちうる「自由」とは何か、「道徳」とは何か、といった根本的なところについての理解を踏まえたうえで取り組む必要があるからです。今日にいたるまで、このテーマについては膨大な議論が蓄積されてきました。しかし、あまりに専門的な議論にもなってしまったため、今現に苦しんでいる人々にはたいして役に立たない空論になってしまっているのではないかと批判・反省されることもあります。

論理的には、「悪の存在」は「善にして全能なる神の存在」と明らかに矛盾するようにしか思えません。信徒たちのあいだでも、この問いに対する明快な「答え」は共有されていません。しかし、不思議なことに、この問題を理由にしてキリスト教徒がこの世界からいなくなる気配はありません。この世には悪がある、ということは否定しようのない現実に見えますが、それにもかかわらず、人々は神を「信じ」続け、信仰を持ち続けている、というのもまた否定しようのない現実です。では、これまで人々は、悪の問題をどう受け止めてきたのでしょうか。

『なぜ私だけが苦しむのか』

ユダヤ教のラビ（教師）、ハロルド・S・クシュナーの『なぜ私だけが苦しむのか——現代のヨブ記』という本があります。ユダヤ教はキリスト教の母体となった宗教で、一神教という根本部分は同じです。この本は哲学や神学の予備知識がなくても、とりあえず神義論について考えてみようとするうえでは、わかりやすくてよい本だと思うので、重要だと思われる点を紹介します。

クシュナーは、単に自分がユダヤ教のラビだったがゆえに神義論的問いに関心をもったというわけではありません。彼自身、真剣に神の真意を問わざるをえない状況に置かれたのでした。というのは、彼の愛する息子、アーロンは、生まれてまもなく「早老症」と診断されたのです。身長は一メートル止まりで、顔や身体に毛は生えず、ずっと老人のような容貌のままで、十代前半で死んでしまうとわかったのです。医師からそんな宣告を受けて、クシュナーはその不公平な出来事に衝撃を受け、悲しみ、苦しみます。彼は、自分はとりたてて善人ではないにしても、決して悪人ではなかったし、ラビとして神の前に正しいとされる生き方をしようとしてきた、と言います。自分ほどは熱心には神に仕えていない人たちが、問題のない健康的な家族に恵まれているのに、なぜよりによって自分の家族にそんな不幸がおそいかかるのか、理解できなかったのです。

クシュナーによれば、彼がそれまで読んだ神義論の本は、どれも神の栄光を守ろうとすることに重点があったと言います。それらの本は、悪も本当のところは善であって、悪に見えるものもそれはこの世界をより善いものにするのに必要なのだ、などと述べるだけでした。死につつある子供をかかえる親の苦悩を癒せるものではなかったのです。そこで彼は、悪い出来事に見舞われた当事者として、しかも宗教家として、この問題について自ら真剣に考えざるをえなくなったのです。

彼によれば、多くの人がたびたび問うのは、それほどの善人ではないにしても決して悪人ではないごく普通の人が、どうして突然の災難や苦しみに直面しなければならないのか、という問いだといいます。そして、特に善良な人における不幸な出来事は、単に苦しんでいる当人たちだけの問題ではなく、この世界は正義であり公平なのだと信じようとするすべての人を不安にしてしまうとも述べています。

不幸の理由を説明するいくつかのパターン

これまで人々は、さまざまな理屈で自らにふりかかってきた悪や不幸を受け入れようとしてきました。いろいろな考え方がありますが、クシュナーによれば、まず次のようなパターンがあるとされます。

あるユダヤ教徒の女性は、自分の大切な娘が急な病気で亡くなってしまった時、そんなことになったのは、自分がユダヤ教で定められていたある日の断食をきちんと行わなかったことが原因だ、と言って激しく後悔して、自分を責めたといいます。しかしクシュナーは、それは根拠のない罪意識であって、そのように考えるべきではないとします。一般に人は、神は人間にそれぞれふさわしいものをお与え下さるものだと考える傾向があります。そのため、苦難や不幸に見舞われると、自分の信仰生活に何か問題があったのではないかと考えてしまうわけです。本人のなかでは理屈が通っているように見えますが、こうした考え方では、不幸にある人がさらに自分を責めたり追い込んだりすることになってしまいます。そんな宗教は何ら安らぎを与えてくれるものではないとして、クシュナーはこうした考え方には否定的です。

不幸の捉え方については、次のようなパターンもあります。すなわち、不幸に出くわしたその時は、罪のない人が苦しむなんて人生は不公平なものだと思ってしまうけれども、十分な時間がたつと、神の計画の正しさがわかってくるのだ、という捉え方です。神の正義はすぐにはわからないが、時がたてばその真意がわかるようになる、というわけです。しかしクシュナーは、こうした考え方にも納得しません。彼によれば、このような見方は、正しい者はいつか必ず栄えるようであって欲しい、幸せになれるようであって欲しい、という願望に過ぎないか、あるいはただの楽観主義でしかないと言います。現実には、神は不幸に見舞われた正しい人に、その不幸を乗り越えていくのに十分な時間を与えるとは限らないではないか、と彼は述べています。

そして、また別のパターンの考え方として、次のようなものもあげられています。すなわち、自分たちの目には不幸に見えるものも、神の意志でそうなったのであって、そうした神の意志は自分たちにははかりしれないものなのだ、と捉えて納得しようとする考え方です。自分にはわからないけれども、きっと神様のお考えがあるのだ、神様は私たちにはわからない目的をお持ちなのだ、と考えるものです。クシュナーはこうした考え方にも否定的です。彼は、いったいどのような神の目的が、病気や事故や犯罪などの苦しみを正当化できるというのか、と問います。彼はこうした考え方の背後にも、何らかの整合的な意味があればいいなという「願望」が含まれていると指摘します。子供が病気で苦しむ、若い夫や妻が死ぬ、罪のない人が悪意ある噂話《うわさ》で地位や名誉を失う、など、そういったことは現実にあるわけです。そうした強烈な悲劇の背後に、自分にはよくわからないけれど神様には何かちゃんとした目的があるのだろう、などという安易な想定で納得することはできないというわけです。

教育的な効果があるのか、死後の世界で埋め合わせがなされるのか

クシュナーの検討はまだ続きます。

苦難の捉え方についてのさらに別のパターンとして、苦難には教育的な効果があるのだ、と考えることでその苦痛や悲しみを受け入れようとする方法があります。苦しみは私たちの欠点を正して、より良い人間にするために神が与えてくださったものなのであり、これはむしろ神の愛の証拠なのである、というような見方です。しかし、クシュナーはこうした見方にも否定的です。例えば、親がちょっと目を離したすきに、子供が窓から落ちてしまったという事故がありますが、「もっと注意深くしていなさい」という教訓は、子供の命とは決して釣り合わないと言います。自分自身、障害があって早くに死んだ子供を持った親として、クシュナーは次のように述べています。「神が障害児をつくったのは、周囲の人間が同情の心や感謝の気持ちを学ぶためなのだ、などと言う人たちに私は怒りを覚えます。だれかの精

神的な感性を深めるために、どうして神は人ひとりの人生をそんなにまでゆがめてしまわなければならないのですか」（斎藤武訳、以下同）。彼によれば、苦しみや悲しみを通して徳を高め、細やかな心を養った人も確かにいるけれども、逆に、苦しみや悲しみによって人生にあいそをつかし、恨みがましくなってしまった人をもっと多く見てきた、と言います。

また別のパターンとして、次のような説明がなされることもあります。すなわち、一見したところ悲劇的な死も、それは苦難に満ちたこの世界からの解放であり、より良い世界に連れて行ってもらうことなのだ、というような理解です。例えば、幼い息子を不運な事故で失った両親に対して、天に召されたあの子は今、苦しみも嘆きもない幸せな場所にいるのです、といったふうに慰めるという光景はしばしばみられます。しかし、やはりクシュナーはこうした考え方にも否定的です。彼によれば、世界に不公平が存在するということを認めたくないときに、人はしばしば、ふりかかった不幸が本当はさほど悪いことではないと思い込もうとするのだと言います。罪のない人は、死後の世界で地上で受けた苦しみの埋め合わせを得る、という考え方によって、どうにか信仰を失わず、この世の不公平にも耐えられるかもしれません。しかし、クシュナーは、そうした態度も「不公平に対応すべく神から与えられた知性を用いようともしない態度の言い訳にもなりかねません」と言います。

問いそのものを考え直す

このように、クシュナーは悪や不幸や悲劇の受け入れ方についてのいくつかのパターンを概観し、いずれも受け入れがたいとします。そして彼は、これらの考え方には一つの共通点がある、と指摘しました。それは、「苦しみの原因が神にある」と考えているところであり、「神はなぜ私たちを苦しめるのか」という問いを設定している点だと言うのです。

信徒たちは神の信望を傷つけないでおくことを優先させて考えてしまうため、「悪」に対する考え方のなかには、結果的に自分自身を責めるようなことになってしまうものもあるし、事実を否定したり、あるいは正直な感情を抑え込むことを強いたりするものもある、というのです。

そこで彼は、そもそも「なぜ神は私をこんな目にあわせるのか」という問いそのものが見当違いなのではないかと考え、この問題に関する最も古典的な文学作品とも言える旧約聖書の「ヨブ記」に目を向けます。

ヨブの物語

「ヨブ記」は旧約聖書に含まれている文書の一つです。正しく善良な人間であるヨブが、何の落ち度もないにもかかわらず、財産を失い、子供たちを失い、自らも酷《ひど》い病気になるなど、次々と悲しみや苦しみを背負わされていくという物語です。物語の全体は、絶望のなかにあるヨブの嘆き、そして彼を見舞いにやってきた友人たちの主張や、それに対するヨブの返答、そして神との対話などから成っています。ヨブは最初、「わたしたちは、神から幸福をいただいたのだから、不幸もいただこうではないか」と言います。しかし、やはり激しく苦しみ、悲しみます。物語は、ヨブを慰めにやって来た友人たちが、ヨブの不幸は彼がかつて何か誤った振る舞いをしたからではないか、という主旨のことを言い、それに対してヨブは自らの無実を主張するといったやりとりを中心に展開します。

まず、クシュナーはこの「ヨブ記」について、すべての登場人物と読者のほとんどが「信じたい」と考えている命題として、次の三つをあげます。

A：神は全能であり、世界で生じるすべての出来事は神の意志による。神の意志に反しては、なにごとも起こりえない。

B：神は正義であり公平であって、人間それぞれにふさわしいものを与える。したがって、
善き人は栄え、悪しき者は処罰される。
C：ヨブは正しい人である。

しかし、論理的には、これら三つを同時に正しいと認めることはできません。というのも、もし神が常に必ず正義であり、公平であり、しかも全能であるとしたら、ヨブは不幸に見舞われるだけの理由がある悪人だということになってしまいます（Cの否定）。一方、ヨブが善良な人であるとすると、神は正義でも公平でもないことになってしまいます（Bの否定）。もしヨブが善良で、しかも神は正義であり公平であるにもかかわらずヨブが不幸に襲われることを阻止できなかったとしたら、神は全能ではないということになってしまいます（Aの否定）。

ヨブを見舞いに訪れた友人たちは、ヨブのことを思って足を運んだわけですが、やはり彼らは大前提として、何よりも神の善と力を信じています。したがって、彼らにとっては、神が罪のない人間を苦しめていると考えて神の正義や完全性を疑うよりも、ヨブが実はどこかで悪いことをしていたのではないか、と考えて彼の善性を疑う方が楽になります。被害者や

犠牲者を悪く言うというのは現代の日本でもしばしば見られる傾向ですが、それは、世界は住みやすいところなのだと自分自身に言い聞かせて、自らを安心させたいからなのかもしれません。

「神が支配していないことがらもある」

クシュナーはさまざまな検討を重ねたうえで、最終的に、この「ヨブ記」の作者はヨブともヨブの友人たちとも違う立場に立っているのではないか、と考えるにいたります。「ヨブ記」の作者は、神が善であることを信じ、ヨブが善であることも信じているので、要するに先ほどの三つの命題のうちのA、すなわち神の全能性を放棄しようとしている、とクシュナーは解釈するのです。世の中では、現に、罪のない人々が理不尽に苦しめられる事態がおきます。しかし、そうした不運や災いは、神に由来するわけではないと考えるわけです。

クシュナーは、はっきりと「神が支配していないことがらもある」と述べ、苦難に見舞われた人の問いの向きを変えようとします。すなわち「神さま、あなたはなぜ私をこんな目にあわせるのですか?」ではなく、「神さま、このありさまを見てください。助けてくださいますか?」というものになる、と言うのです。

「ヨブ記」については、これまで膨大な量の注解や解釈が示されてきました。神の全能性を放棄して苦難の意味を解釈しようとするクシュナーの立場は、やや大胆にも見えます。反論も当然あるでしょう。でもそれは、奇病を抱えて生まれた息子と一四年で死別し、それ以降も信徒たちの哀れな事故や病気など、さまざまな不幸や悲劇に立ち会ってきたユダヤ教のラビとして、真摯に考え抜いたうえでの彼の結論でした。

すべてのことに理由があるわけではない

クシュナーは、ある日、病院に一人の女性を見舞いに行きました。彼女は飲酒運転の車に追突されるという大きな事故にあいながらも、奇跡的に軽い怪我《けが》で済んだのです。その時、その女性は「あんな事故にもかかわらずこうして生きていられるなんて、やっぱり神様はいらっしゃるのですね」と言いました。しかし、クシュナーは、そう言った彼女に対して、無言で微笑《ほほえ》むことしかできなかったといいます。というのも、彼はそのほんの二週間前に、同じく飲酒運転の犠牲になって妻と子供を残して死んでしまった若い男性の葬儀を執り行ったばかりだったからです。軽傷で済んだこちらの女性が、神が自分を生かそうと思ったと信じることをとやかく言うことはできません。しかし、それと同じように考えますと、似たような事故で死んでしまった別の人は、神にとって、助かったその彼女よりも価値がなかったということになりかねません。

やはりクシュナーは、病気も、強盗事件も、地震も、交通事故も、それらはみな神の意志ではなく「神の意志とは別個の現実」なのだとみなします。彼によれば、私たち人間の身体は、自然の法則を超えているという意味においてではなく、むしろ自然の法則に正確に従っているという意味で「奇跡」なのだと言います。自然の法則はすべての人間を平等に扱い、その人が善良だからとか、価値があるからといって、特別扱いをしたりしません。だから、彼は「神が災いを引き起こすのではありませんし、神はそれを防ぐこともできないのです」と述べます。これは、一神教の宗教家としては思い切った発言のようにも思われるかもしれません。しかし、彼は次のように続けています。「神に気に入られている特定の人たちだけが自然の法則から除外され、その他の人たちは自分自身でなんとかしなければと汗水を流す、そんな世界が、より良い世界だと言えるでしょうか」。

アウシュヴィッツについては「神は防ぐことができなかった」

ユダヤ人であるクシュナーは、アウシュヴィッツも例に出しています。しばしば、アウシュヴィッツに神はいなかったのか、なぜたくさんの老若男女が残酷に殺されていくのを神は黙って許していたのか、と問われます。それに対してクシュナーは「それは神が引き起こしたことではないのだ、と答えましょう」と言います。彼は、犠牲者たちの涙と祈りが神の深い同情を呼び起こしたとは「信じ」ているが、それでも人間に善と悪の選択と決断の自由を与えた以上、その悲劇を「神は防ぐことができなかった」のだと言います。

同じように、地震も、ハリケーンも「神の行為」ではありません。クシュナーによれば、「神の行為」というのは、災害が過ぎ去ったあとで生活を立て直そうとする人々の勇気のことであり、被災者を助けるために自分にできることをしようと立ち上がる人々のことなのだ、とされます。病気や犯罪被害などで、苦しみや悲しみにさいなまれている人が「いったい私がどんな悪いことをしたというのか」と絶叫するのはわからなくもありません。しかし、それは問いの立て方が間違っていて、私たちが問い始めるべきなのは「どうしてこんなことが私に起きるのか」とか「私がいったい何をしたというのだ」ではなく、「こうなった今、私はどうすればよいのか」であると彼は述べています。

神を「信じ」てはいるけれども

クシュナーは、自分はあくまでも神を「信じ」ている、と言います。しかし、「私は神の限界を認識しています」とも付け加えています。彼の考えは、次の数行に要約されます。

「神は私たちに不幸をもたらしません。不幸は不運な巡りあわせによって、悪人によって、また、自然の法則のなかで生きている死すべき人間として避けることのできない自然の成り行きによってもたらされるのです。私たちにふりかかる痛みの体験は、私たちの誤った行いに対する処罰ではありませんし、神の壮大な計画の一部などでもありません」

このように考える以上、神に対する「祈り」という行為についても再考が必要になります。彼によれば、私たちは神に対して、苦難を取り除いてくださいと求めるように祈ることはできないと言います。なぜなら「神にはそのようなことはできないから」です。ただし、勇気を求め、苦難に耐える力を求め、失ったものではなく残されたものに心を留める寛大さを求めることはできる、と言います。神とは、悲惨な出来事を防いではくれないけれども、それを乗り越えるための勇気や忍耐力は与えてくれるのだ、と彼は述べています。災害などを念頭に、クシュナーは次のように言います。「人が身の危険もかえりみずに見知らぬ人を救おうと力を尽くしたり、洪水の引いたあとで自分たちの町を再建しようと決断することこそ神の行為なのです」。

誰もが納得できる答えはない

さて、こうしたクシュナーの考えや姿勢は、あくまでも一例に過ぎません。このような見方が正しいと言いたいのではなく、このように考えている一神教の宗教家もいます、という意味で紹介いたしました。彼のように考えるならば、「悪」について神を恨むことはなくなるかもしれません。しかし、逆に「善」についても、神に感謝することがなくなってしまうのではないかという疑問も生じます。というのも、彼によれば、「悪」は神に由来するのではなく、あくまでも不運な巡りあわせによって、悪人によって、または自然法則のなかで生きている死すべき人間として避けることのできない自然の成り行きによって、もたらされるのだとされます。そうであるならば、「善」もまた、神に由来するのではなく、単なる幸運な巡りあわせや自然法則によってもたらされているに過ぎない、と考えることになってしまわないでしょうか。クシュナーはこの点については論じていませんが、難しい問題ではないかと思います。

クシュナー自身もその本のなかでさまざまな考え方について検討していますように、神義論についての議論の蓄積は膨大です。アウグスティヌスは「悪」を「善の欠如」と捉える考えから神義論を展開し、道徳的な悪の起源は人間の堕落にあり、地震や台風などの自然的な悪は人間の罪過に対する罰的なものとして理解しました。キリスト教思想史では長いことこうした見方が主流でありました。それとは違うタイプの神義論の一つは、この世は当初から「魂の形成の場」として創造されたのだと考えます。天地を創造した神の目的は、人間にとって最高に幸せな場所を提供することではありません。人間は、さまざまな困難と対峙《たいじ》しながら人格を形成していかなくてはならないとされます。したがって「悪」には生産的・建設的な意義を見出すことが可能であり、痛みや苦しみや悲しみは、人間の成長にとって必要なものなのだとされます。これはわりと広く受け入れられている考えだとも思われますが、しかし、やはりこの世のすべての悪や苦難に教育的価値を見出してそれを正当化することは困難ではないかと思います。

抗議の神義論

その他にもいろいろな考え方があります。なかには、神義論という試みそれ自体を批判し、悪を放置する神に抗議する「抗議の神義論」（ないしは「反神義論」）と呼ばれるものもあります。

通常は神義論といえば、悪や苦難の存在を許す神の正義を人間が立証する試みになりますが、「抗議の神義論」はそうした試み自体を批判します。この立場では、歴史上の多くの壮絶な悪を念頭におくならば神を正当化することなどできるはずがないと考え、悪や苦しみが放置されていることについては、素直に異議を申し立て、抗議すべきだとされます。神はイエスを死者のうちから甦らせたのですから、ホロコーストを阻止する力くらいあったはずです。神は歴史のなかでこれほどまでには破壊的で悲惨なことがないように介入できるのに、その力を十分に行使していないという点で、神は「有罪」であるとさえみなされます。ただし、これは決して無神論ではありません。神を完全に否定するのは行き過ぎだけれども、神を完全に弁護し免責するのも行き過ぎだと考えるのです。悪や苦難の責任は神にもあるとして、神を告発し、神に抗議するわけですが、それはそうすることによって逆説的に神と結ばれ神を肯定しようとする試みでもあり、あくまでも信仰的佇《たたず》まいの一つの形として理解されます。これは悪や苦難に関する問題にとどまらず、「信仰」の形を根本的に問い直す議論だとも言えるでしょう。

ここでは、こうした神義論の思想史をすべて紹介することはいたしませんが、より深く知りたい方は、スティーヴン・T・デイヴィス編『神は悪の問題に答えられるか――神義論をめぐる五つの答え』や、M・S・M・スコットの『苦しみと悪を神学する――神義論入門』などを読まれるといいでしょう。私は個人的には、「抗議の神義論」は注目に値する議論だと考えていますが、これに対しても批判はもちろんあります。古代から現代にいたるまで、さまざまなタイプの神義論が提示されてきました。しかし、それぞれに長所と短所があり、決定的に「この見方が一番」と誰もが納得できるような普遍的な思想は、今現在もありません。

「わからない」のに、なぜ「信じる」と言い切れるのか

悪をめぐる問題は、深刻であり、難解であり、簡単に結論を出すことができないというのはわかります。しかし、同じユダヤ教徒でも、あるいは同じキリスト教徒でも、「人間を成長させるために理不尽な悪に見えるものを与えてくることがあるような全能の神」を信じて

いる人と、「そもそも悪を阻止することができない限界をもった神」を信じている人とでは、はたして同じ「神」を信じていると言えるのでしょうか。どんな悪を目にしても、何が何でも神の正しさを論証しようとする「信仰」もあれば、神の全能性や愛を認めつつも、悪に関して神に抗議しようとする「信仰」もあります。悪の問題とそれに基づく神についての理解の仕方がこんなに大きくズレていたら、同じ「宗教」、同じ「信仰」を持っているとは言えず、まさに同床異夢であるような気もしてしまいます。

聖職者や思想家ではない一般の信徒たちにとっては、この「悪」と「神」の関係については、「まだわからない」「まだうまく説明できない」としか言いようがなくても、それはそれで仕方のないことだと思います。しかし、「わからない」にもかかわらず、「私は信仰をもっています」とか「私は神を信じています」と言うならば、その場合の「信仰」とか「信じる」とは、いったいどういう意味なのでしょうか。悪に関する問題の答えが「まだわからない」のだとしたら、それは要するに、どういう神を信じているのか自分自身でもよくわかっていないということに他なりませんから、それではそもそも「信じる」という行為になっていないのではないか、とも思ってしまいます。ただし、現に世界には、一神教の信徒が何十億人もいて、彼らは悪の問題に悩みつつも、それでも信仰をもつことができています。ということは、もしかすると、何か根本的に違う見方、違う姿勢があって、それが彼らの「信じる」という行為を支えているのではないか、とも思います。

幸福を得るために「信じ」ているのではない？

例えば、そもそも宗教や信仰というのは、この世的な「幸福」や「不幸」を超越したところで営まれるものなのだという考えもあるかもしれません。多くの信徒たちは、自分は決して神を信じれば幸福になれるなどと思っているわけではない、「信仰」とは幸福（＝ご利益）を期待して営まれるものではない、と言うでしょう。キリスト教徒も、信仰があればこの世的な意味での成功者になれるなどと期待しているわけではありません。しかし、人はやはり本音としては常に幸福であることを求め、不幸であることを避けたいと思うものです。この世で生きている以上、純粋に幸不幸の問題を超越するというのは、あまり現実的ではないのではないかと思います。

現に、世の中には、大きな悪や、あまりにもつらい苦難によって、信仰に愛想を尽かし、神を信じなくなったという人も少なくないはずです。そうした人たちの存在を無視することはできません。しかし、その一方で、理不尽な苦しみや苦難に見舞われたことで、かえって信仰を強くするようになったり、あるいは、新たに信仰に目覚めたりしたという、逆説的な例も多く見られます。悪や苦難という問題は、「信仰」に対してマイナスに働くこともありますが、逆に、信仰を強化したり、新たに信仰を芽生えさせたりするようプラスに働くこともあります。そうしたところに、「信仰」という人間ならではの営みの不思議さがあると言ってもいいかもしれません。世界中にさまざまな例がありますが、ここでは星野富弘の例を見てみましょう。

星野富弘の場合

星野富弘は、一九四六年生まれの、スポーツ好きで健康な青年でした。彼は大学を卒業後、群馬県の中学校に体育の教師として赴任します。ところが、働き始めてわずか数か月後に、彼は大怪我をしてしまいます。放課後に、生徒たちの前で体操の手本を見せようと、助走をつけて踏み切り板をけって空中で体を回転させたのですが、誤って頭部から転落して、頸髄《けいずい》を損傷してしまったのです。こうした事故の場合は、しばしば呼吸ができなくなり窒息死してしまう場合も多いようですが、星野の場合はかろうじて腹式呼吸が可能だったため、生きのびることができました。ただし、その日以降、彼は首から下が麻痺《まひ》してしまい、手足を一切動かすことができなくなってしまいました。彼はまだ二四歳でした。

この若さで、首から下が二度と動かせなくなったことに、彼は当然ながら猛烈なショックを受けます。体育教師であったわけですから、なおさらでした。最初はそもそも生きられるかどうかが問題で、人工呼吸器をつけるために気管切開をして一時はしゃべることもできなくなります。首を治すために、寝た状態のまま頭蓋骨に穴をあけて金属を装着し、その先におもりをつけて頭を引っ張り続けるなど、大変な治療もします。そして首の状態が落ち着いたと思ったら、今度は内臓の病気も併発してそちらの手術も必要になり、星野の入院生活は九年間にもおよびました。

そのあいだ、星野は同室のさまざまな怪我人、病人、見舞客と接することになります。いろいろな言葉を使って励まそうとしてくる見舞客もいれば、逆に、忍耐とか希望などといった言葉は一切用いず、特に同情もあわれみもみせずに普通の話だけをしてくる人もいました。同室には、事故で片腕を失くした暴走族の少年、かつて新幹線のトンネルを掘っていたという人、元新聞記者の老人、お金持ちの人もいれば、お金も学歴もないけれどもその人がいればば病室全体が明るくなるような人など、さまざまな人がいたといいます。結婚を前にして片足を失い嘆いている若い女性、腫瘍《しゆよう》で片足を切断しなければならなくなった高校生や、トロッコの事故で片手片足を失って瀕死《ひんし》の状態で担ぎ込まれてきた人もいたといいます。星野はそうしたさまざまな人を見て、彼らと話をしました。そうした人々との交流から、星野は首から下がまったく動かせなくなった自分自身と葛藤しつつ、自らを深く見つめるようになっていきます。

あるとき、自分と同じように四肢が麻痺していた患者がいました。しかし、やがてその人が回復していく様子を見たとき、星野は思わず嫉妬したと言います。彼は著書『愛、深き淵《ふち》より。』のなかで、次のように述べています。「周囲のひとが不幸になったとき自分が幸福だと思い、他人が幸福になれば自分が不幸になってしまう。／自分は少しもかわらないのに、幸福になったり不幸になったりしてしまう。／周囲に左右されない本当の幸福はないのだろうか。他人も幸福になり、自分も幸福になれることはできないのだろうか」。

口で文字と絵をかく

星野は怪我をしてから二年ほどたったある日、口にペンをくわえたら字を書くことができるようになるのではないか、と考えはじめました。もちろん、はじめの頃は、紙に点を書くだけでも精一杯でした。ところが、彼は「口で字を書くことをあきらめるのは唯《ただ》一つの望みを棄《す》てることであり、生きることをあきらめることでもあるような気がした」のでした。もし神さまがいるとすれば、こんな自分にも何か役割を与えて何かをさせようとするだろう、とも考えたといいます。「いまの私の役割は、口で字を書くことなのかもしれない。神様が本当にいてほしいと思った」と彼は回想しています。

体育教師だった星野は、学生時代はロッククライミングもやっていて、特に器械体操が得意でした。そこで彼は、そうしたスポーツの練習をしていたときのことを思い出し、口にペンをくわえて字を書く猛特訓を自らに課すようにしました。器械体操では、最初は不可能と思われるような高度な技も、やさしい技を何度も繰り返し練習することによって必ず出来るようになる、という実体験があったからです。「小さな地味な基礎をつみかさねていけば、器械体操の華麗な技のように、口でだってきっと美しい文字が書けるようになれると思った」。星野はこう振り返ります。

後に星野は、文字のみならず、花の絵も描くようになり、花の絵と詩からなる素晴らしい作品を多く生み出すようになっていきました。現在では、何冊もの画集が出版され、富弘美術館（群馬）と星野富弘美術館（熊本）の二つが建てられて彼の作品が収蔵されるまでになっています。

「神様がたった一度だけ、この腕を動かして下さるとしたら」

入院中の星野は、クリスチャンである大学時代の先輩や、三浦綾子の本などを通して、少しずつキリスト教に関心をもつようになっていきます。しかし、はじめの頃は、教会の牧師や信徒たちが病室に見舞いにやってきてくれても、彼らの口から「神」とか「キリスト」という言葉が出てくると、同室の患者たちからの視線が気になったと言います。人から、とうとう神様にすがるようになったのか、と思われる気がしたからでした。また、いざ聖書を読んでみても、なんだか難しくて、わけがわかりませんでした。しかしそれでも読んでいると、ふと、ある言葉が目に留まりました。それは、「そればかりではなく患難さえもよろこんでいます。それは患難が忍耐を生み出し、忍耐が練られた品性を生み出し、練られた品性が希望を生み出す……」というパウロの言葉だったようです。それはクリスチャンである先輩からいただいたハガキにも書かれていた言葉で、この一文を見つめているうちに、星野は「うす暗い明日に、かすかな光がさし込んでくるような気がした」と述べています。そして、次のように続けています。「信じられなくも信じたいと思った。今のこの苦しみは、苦しみだけに終わることなく、豊かな人間性や希望につながっているというのである」。

　とはいえ、キリスト教に興味をもつようになっていったからといって、すぐに心穏やかになれたわけではなかったようです。人間はそこまで単純ではありません。手足が動かないので、食事は三回とも母親に口に運んでもらいます。そこで、ちょっとスプーンの汁が顔にたれてしまったりすると、「チキショウ、もう食わねえ。くそばばあ」と怒鳴って、日頃の不満を爆発させてしまうこともあったといいます。「おれなんかどうなったっていいんだ。産んでくれなけりゃよかったんだ。チキショウ!!」。そう言われた母親も、毎日必死で息子の介護をしているのにそのように怒鳴られることが悲しく、涙を流しました。でも、星野も自分の境遇を受け入れることが難しく、葛藤を抱えざるを得なかったのです。

　しかし、星野はやがて、わがままを言っているにもかかわらずそれでも自分のことを思ってくれる優しい母の姿に、「これが母なんだ」「私を産んでくれた、たったひとりの母なんだ」と気づきます。それから約五年後、星野は口に加えた筆で、ぺんぺん草の絵を描きました。そして、同じく口にくわえた筆で、そのぺんぺん草の絵の脇に、次のような詩を書き添えたのでした。

「神様がたった一度だけ

この腕を動かして下さるとしたら
母の肩をたたかせてもらおう
風に揺れる
ぺんぺん草の実を見ていたら
そんな日が本当に
来るような
気がした」

本当の死の時まで

星野は自伝的著書で、次のようにも書いています。

「けがをした当時は、なんとしても助かりたいと思ったのに、人工呼吸器がとれ、助かるみこみがでてきたら、今度は死にたいと思うようになってしまった。

動くことができず、ただ上を向いて寝ているだけで、口から食物を入れてもらい、しりから出すだけの、それも自分の力で出すことすらできない、つまった土管みたいな人間が、はたして生きていてよいのか。女性を好きになっても抱くこともできないだろう。
それも頭からはなれない深刻な悩みだった」

首から下がまったく動かせないわけですから、自ら死を選ぶこともできません。今後のことを考えると、星野は絶望せざるをえませんでした。

しかし、同じ病室で、病気の治る日に備えて懸命に努力している少年などを見ながら、彼は少しずつ考えを変えていきます。「いつかはわからないが、神様が用意していてくれるほんとうの私の死の時まで、胸をはって一生懸命生きようと思った」。怪我から約三年半後、星野は病室で洗礼を受けます。「私のいまの苦しみは洗礼を受けたからといって少なくなるものではないと思うけれど、人を羨んだり、憎んだり、許せなかったり、そういうみにくい自分を、忍耐強く許してくれる神の前にひざまずきたかった」。彼はこう述べています。

「でも神さまありがとう」

星野は著書の幾冊かで、次のようなことを繰り返し述べています。彼は元気だったころは、身体の不自由な人を見ると、かわいそうだとか、見てはいけないものを見てしまったような気持ちになったことがずいぶんあったといいます。しかし、自分が怪我をしてからは、そういう気持ちで見ていたことが完全に間違いだったと気付いたというのです。「私はなんと、ひとりよがりな高慢な気持ちをもっていたのだろう」と星野は振り返ります。自分が車椅子に乗るようになってからは、「からだが不自由な自分を、不幸だとも、いやだとも思わないのです」と述べています。彼は、長期間病室のなかにいた彼は、車椅子で外に出た時のことを、初めて自転車に乗れた時のような、初めてスキーをはいて滑ることができた時のような、そんな嬉《うれ》しさだったと述べています。そうした経験をとおして、星野は「幸せってなんだろう」「喜びってなんだろう」とあらためて考えるようになったといいます。

では、星野は自分の運命を呪わなかったのでしょうか。彼はクリスチャンになりましたが、なぜそれが可能になったのか、考えようによっては不思議であるようにも思われます。というのも、本章で見てきたように、善にして全能なる神がいるならば「悪」があるはずがないからです。ある日を境に、突然、首から下がまったく動かせなくなってしまったなんて、それは人間が経験しうる「苦難」のなかでも、特に大きなものだと言っていいでしょう。そのことは、神を信じるきっかけになるというよりは、むしろ神を否定するきっかけになる出来事でありえたようにさえ思われます。ところが星野は、少なくとも自伝的エッセイのなかでは、神を恨むとか、神を疑うとか、そのようなことは一切口にしていません。彼は、むしろ神に惹《ひ》かれていったのです。決して神にすがりはじめたのではありません。そうではなく、神に感謝する気持ちを持ち始めたのです。

星野は実にたくさんの花の絵を描きましたが、そのなかに、白い雪のかかった赤いナンテンの実を描いた作品があります。その絵の下に、彼は次のような詩を書いています。

「手と足が不自由になって
歩けなくなりました
土を掘ることも
スキーをすることも
出来なくなりました
でも神様ありがとう
あなたが持たせてくれた
たった十グラムの筆ですが
それで私は花を咲かせたり

雪を降らせたり出来るのです
神様ほんとにありがとう」

三浦綾子の影響

星野が影響を受けた人物に、キリスト教作家として有名な三浦綾子がいます。日本でキリスト教作家といえば、『沈黙』や『深い河』などの遠藤周作が有名ですが、二〇世紀後半から現在にかけて、日本のキリスト教徒たちのあいだでその小説やエッセイが最も多く読まれたのは、ひょっとしたら彼女の方ではないかと思われるくらい、日本のキリスト教界ではよく知られた存在です。三浦綾子のデビュー作は『氷点』で、それはキリスト教の「原罪」をテーマとした作品でした。彼女はその後も、『塩狩峠』『海嶺』『銃口』など多くの小説を書き、同時に、自身のキリスト教信仰が色濃く反映された自伝、日記、エッセイもたくさん残しました。

三浦綾子は一九二二年に北海道で生まれました。一七歳になる前に小学校の教師になり、一九四六年まで教師生活を送ります。つまり戦時中はずっと小学校の先生だったわけです。しかしその後、病に倒れて、なんと一三年間もの療養生活を余儀なくされます。結核になり、脊椎カリエスを併発したため、体を動かすことのできないギブスベッドに寝たきりの状態が長く続きました。それは当時は死に至る病とされており、いつ元気になれるのかもわかりませんでした。しかし、やがて彼女は奇跡的に健康を取り戻します。そして、当時としてはかなり晩婚ということになりますが、三七歳で結婚をし、旭川で小さな雑貨店を営むようになりました。それから数年後、朝日新聞の懸賞小説に『氷点』を書いて応募したところ、見事に入選を果たします。それから三浦は作家としての人生を歩むことになりますが、病弱な彼女はそれから亡くなるまでのあいだ、絶えず病気に悩まされました。結核、脊椎カリエスに始まり、心臓発作、帯状疱疹《ほうしん》、直腸がん、パーキンソン病など、彼女の人生は病気とともにあったといっても過言ではありません。しかし、三浦の日記や随筆を読みますと、彼女はそうした病気を恨んだり憎んだりするどころか、むしろそれを「神からの賜物《たまもの》」のようなものとして、感謝さえしながらそれらを受け入れている姿が見て取れます。

星野富弘は、そんな三浦綾子の影響も強く受けており、彼女の方も著書で星野について触れています。

「得たものの方が多い」

星野も三浦も、ともに大きな苦難を背負ってきたわけですが、対談本『銀色のあしあと』のなかで、二人はほぼ同じことを言っています。それはすなわち、「苦難」と「不幸」を結びつけて考えるべきではない、ということです。星野は次のように言っています。「病気とか怪我っていうものに、最初から「不幸」っていう肩書はついてないいんじゃないかと思うんですね。それをつけるのは、まず人々の先入観、それから、その人のそれまでの生き方の問題というか」。三浦は自分の一三年間の寝たきり生活を念頭に、「病気をしてね、失ったものもあるけれど得たものも多いって、私も思うし、あなたも書いていらっしゃる」と言っています。すると星野も「数を数えれば、比べものにならないくらい、得たもののほうが多いんじゃないかと思います」と述べ、さらに「おれが、おれみたいな者がなんでこんなによくしてもらえるのか、不思議なんですよね。よっぽど神さまはお人好しだ」とさえ語っています。

確かに星野は、怪我をしてすぐ、もう一生首から下を動かすことはできないとわかったときには、自分にはもう生きている価値がないと思った、と述べています。あまりにも大きな絶望だったことでしょう。そして「次の朝には死んでいたらいいのに」と思いながら寝るのですが、朝がくると普通に目が覚めてしまった、と言います。食事を抜けば死ねるかと思って何日か抜いたこともあったようですが、「腹が減って減って……次の食事を腹いっぱい食べてしまいました」とのことでした。そしてそのとき、「いのちというものは、俺とは別にあるんだ。俺がいくら生きることをあきらめても、いのちは一生懸命生きようとしているのだ」と思ったといいます。

三浦綾子は晩年、「私には死ぬという大切な仕事が残っている」と言っていました。星野も別の本で、神さまから「死ぬという仕事」を与えられるまで、生きるという仕事をしっかりさせていただきたいと思っている、と語っています。

幸せとは何か

さて、悪とは何か。神とは何か。人生とは何か。こうした問いは、究極的には、幸せとはいったい何か、という問いなのかもしれません。三浦綾子は、『明日のあなたへ』というエッセイの冒頭で次のように言っています。

「九つまで満ち足りていて、十のうち一つだけしか不満がない時でさえ、人間はまずその不満を真っ先に口から出し、文句を言いつづけるものなのだ。自分を顧みてつくづくそう思う。なぜわたしたちは不満を後まわしにし、感謝すべきことを先に言わないのだろう」

三浦の言うことは、実にもっともだと思います。世の中には、たいしたことでもないのに不満ばかり口にする人や、満ち足りているはずなのに不機嫌な人もいます。それに対して、傍目《はため》からはけっこう大変そうなのに、でもいつも笑顔でいて、自分のことよりも他人につくそうとする人もいます。幸福や不幸というのは、客観的な状況として存在するわけではなく、その人がその人生をどのように受け止めているのかという問題に他ならないのかもしれません。

三浦はまた別のエッセイ『泉への招待』のなかで、次のようなエピソードも紹介しています。ある晩、彼女たちが寝ていたところ、近所の工場が夜業をしていて騒音を出し、一晩中うるさかったことがありました。翌朝、三浦はうるさくて眠れなかったと夫に愚痴を言いました。すると、夫の光世は次のように答えました。「わたしは聞こえる耳のあることを感謝したよ。一晩中夜業をしている人もあるのに、蒲団《ふとん》の中に横になって休んでいられることを感謝したよ」。てっきり自分と同じように愚痴や文句が出てくるかと思いきや、むしろ感謝の言葉が出てきたので、三浦は心のなかで脱帽したといいます。不満を言って当たり前のような状況でも、何かしら感謝すべきことを探すのは可能で、そうした姿勢が、幸せに生きるコツなのかもしれません。

もちろん、どんな時もそのような姿勢でいることによって、結果的にさまざまな社会悪を放置するようなことになってはいけません。きちんと対処すべき諸問題は当然あると思います。しかし、今その瞬間においてはどうしようもない場合は、ただひたすら怒ったり恨んだりするのではなく、何かしら感謝すべきことがないかを探して、そちらに目を向けてみるというのも、この世で心穏やかに、幸せに生きていくための知恵の一つであるように思われます。

「信じる」とはいったい何か

星野も三浦も、生死をさまようほどの苦難をとおして、生きる希望をみつけ、自分が残りの人生で担うべき使命を見出しました。二人は決して意図したわけではありませんが、結果的には社会的名声も手に入れたと言っていいでしょう。しかし、その一方で、同じように、病気、怪我、あるいは自然災害、戦争、犯罪など、大きな苦難に見舞われたものの、星野や三浦のようにはその苦難を乗り越えることができず、結果としてその「悪」に叩《たた》きのめされ、神を恨み、信仰などというものに愛想を尽かし、絶望のうちに死んでいったという人々が、これまでに無数にいましたし、今もいる、ということもまた現実だと思うのです。

クシュナーによれば、神は悲惨な出来事を防いではくれないけれども、それを乗り越えるための勇気や忍耐力は与えてくれる、と言います。しかし、現実には、十分な勇気や忍耐力を得られず、その苦難に押しつぶされ、神を信じられなくなり、この世を恨むようになり、やり場のない怒りと悲しみのなかで死んでいった人も多くいます。なぜ神は、悪そのものは阻止できないにしても、苦難のうちにあるすべての人を励まし、せめて彼らが信仰を維持できるように支えることをしないのでしょうか。

苦難においても「信じる」ことができた人は、確かにいましたし、今でもいます。しかし、「信じる」ことができなくなってしまった人も現にいます。すべての人が、星野富弘や三浦綾子のようになることは、できていません。星野や三浦は、かつて自らが遭遇した苦難を振り返って、「今思えば、失ったものよりも、得たものの方が多かった」と言うことができています。それは彼らの正直な実感であり、真実だと思います。決して、それを批判するつもりなどありません。私自身も星野富弘の詩に感動しますし、三浦綾子の小説やエッセイを愛読してきました。だからこそ、こうして紹介しているわけです。しかし、それでも、苦難や悪の問題についてすっきりと納得することはできません。現実には、苦難に遭った人のすべてが、星野や三浦のように信仰によって救われて「得たものの方が多かった」と言えるようになっているわけではないからです。

「信じる者は救われる」としておきながらも、なぜ神は、「苦難においても神を信じられない人」や「あまりの苦難ゆえに神を信じることができなくなった人」を放置しているのでしょうか。そこが、やはりわからないのです。神を「信じる」とは、いったいどういうことなのでしょうか。

第四章

同じ宗教を「信じ」ていれば、人々は仲良くできるのか

宗教は「個人の心の問題」？

しばしば「宗教」といいますと、それはすなわち「心の問題」「個人の問題」であると言われます。間違ってはいませんが、そうした理解だけでは不十分です。

確かに宗教は、私たち一人ひとりがそれぞれの人生を生きていく際の価値判断の基準にもなるものなので、極めてプライベートなものだと言うことは可能です。しかし、同時に、宗教とは極めて社会的なものでもあり、「集団で営まれる」というところが重要なポイントだとも言えます。例えば初期のキリスト教は、はじめはローマ帝国で迫害されましたが、やがてローマ帝国の国教になって、逆に他を迫害する側になっていったりしました。宗教は、社会から影響を受けると同時に、社会に影響を与えながら変化・発展していくものです。ヨーロッパなどでは長いあいだ、キリスト教は「政治」と不可分でした。それはどういうことかといいますと、やや極端な言い方をすれば、その宗教は「信じている人たち」だけの手によって形成されてきたのではなく、「たいして信じていない人たち」や「実は全然信じていない人たち」によってもあれこれ手を加えられながら現在にいたっている、ということでもあります。こうした意味でも、宗教とは単にそれを「信じ」ている人たち一人ひとりの心の問題にとどまるものではありません。宗教というものについて見ていくうえでは、それを集団的な営み、政治的な営み、ないしは社会現象として捉えて、その社会的な機能や他の文化や制度との相互関係などに目を向けることも重要です。

現在「聖書」と呼ばれている書物も、単なる個人的な信仰の支えというだけのものではありません。聖書とは、歴史的には、一部の人々によってこれを「正典」ということにしようと申し合わせがなされた文書群に他なりません。ある書物に特別な権威を与えるという決定の背後には、それによって自分たちの思想や立場を正当化するという動機が働いています。正典ができたあとに正統が生まれたのではなく、正統が先にあって、それに合わせて正典が定められたという順序だからです。したがって、聖書それ自体も、あくまでも社会的・政治的な存在であると言うことができます。

「信じる」という問題を考えていくにあたり、本章では、まずこの聖書というものについて見ていくことから始めましょう。

イソップ寓話と聖書

『イソップ寓話《ぐうわ》』は皆さんもよくご存知だと思います。「ウサギとカメ」「北風と太陽」「アりとキリギリス」など、動物や自然を擬人化して表現された人生訓、処世訓、風刺を含んだ物語の集合体です。

イソップ（アイソポス）の実像については不明な点が多いのですが、彼はイエスよりも五〇〇〜六〇〇年ほど前の人物です。ただし、古代ギリシアでは多くの寓話がイソップと結び付けられて伝えられたので、現在の『イソップ寓話』に収められている話のすべてがイソップ個人の作というわけではありません。彼以外の人物によって作られたものもかなり多く含まれています。どこまでがイソップ自身の作品かどうかはもはやわからなくなっていますが、それでもいちおう彼の名による寓話集は紀元前三世紀頃から編集され始めました。

そんなイソップ寓話は、宗教改革の立役者であるマルティン・ルターによってもドイツ語に翻訳され、紹介されていました。民衆を教化する手段として、ルターはこれらを高く評価していたのです。日本でも、イソップ寓話はザビエルがやって来てから数十年後、一六世紀の末に、イエズス会宣教師によってローマ字使用口語文で『エソポのハブラス』として出版されています。さらにその後、一六世紀末から一七世紀初頭にかけて、漢字仮名使用文語文の『伊曾保《いそほ》物語』としても出版されました。日本において、イソップ寓話はキリスト教宣教師が布教の方便に持ち込み邦訳を企てた世俗文学だったのです。

新約聖書それ自体にも、イソップ寓話を彷彿《ほうふつ》とさせる言い回しが出てきます。例えば、福音書にはイエスの言葉として「偽預言者を警戒しなさい。彼らは羊の皮を身にまとってあなたがたのところに来るが、その内側は貪欲《どんよく》な狼《おおかみ》である」（マタイによる福音書7：15）という一節があります。「羊の皮を着た狼」の話は、まさにイソップ寓話の代表的なものの一つです。イエスは別の箇所で「医者よ、自分自身を治せ」ということわざを口にしていますが（ルカによる福音書4：23）、同趣旨の台詞《せりふ》はイソップ寓話の「蛙《かえる》のお医者」という話にも見ることができます。また「牡牛《おうし》と母ライオンと猪《いのしし》」という話には「己が計る物差で己もまた計られる」という一節がでてきますが、それはイエスの言葉「あなたがたは自分の量る秤《はかり》で量り返される」（ルカによる福音書6：38）とよく似ています。さらに、「笛を吹いたのに、踊ってくれなかった」（マタイによる福音書11：17）や、「目が手に向かって「お前は要らない」とは言えず、また、頭が足に向かって「お前たちは要らない」とも言えません」（コリントの信徒への手紙一12：21）という一節なども、明らかにイソップあるいはその他による寓話類型と共通した表現だと考えられます。

それぞれの編纂《へんさん》のプロセスは大変複雑なので、どちらがどちらに影響を与えたのかについては慎重に検討する必要がありますが、両者のあいだによく類似した表現が見られることは確かです。

「目からうろこ」や「復讐するは我にあり」

「目からうろこ」という慣用句は日本語でもすっかり定着していますが、これは新約聖書にある「使徒言行録」という文書に元ネタがあります。その文書に、かつてキリスト教徒を激しく迫害していたパウロが生き方を一八〇度変え、残りの生涯をキリスト教宣教に捧《ささ》げるよう「回心」する場面があります。パウロが回心する際、一時的に目が見えなくなっていた彼の目から「うろこのようなもの」がぽろりと落ちて、再び目が見えるようになったと書かれていることから、この表現が生まれました。また、「豚に真珠」という表現もよく使われますが、これも福音書にあるイエスの言葉「神聖なものを犬に与えてはならず、また、真珠を豚に投げてはならない」に由来します。

　他にも、聖書に由来する言葉で日本社会に定着しているものは少なくありません。「働かざる者食うべからず」もよく使われる言い回しですが、これは新約聖書の「テサロニケの信徒への手紙二」にある「働きたくない者は、食べてはならない」という言葉がやや変形して広まったものと考えられます。また、「復讐《ふくしゅう》するは我にあり」という言葉もよく知られたフレーズだと思います。その言葉をタイトルにした小説があり、後に映画化もされましたが、これも「ローマの信徒への手紙」でパウロが旧約聖書の記述を引用して述べている箇所「復讐するは我にあり我これを報いん」（文語訳）からとられたようです。

このように、キリスト教徒ではない方も、実際に新約聖書を開いていただくと、どこかで見たことのある表現に多く出合えるかもしれません。

旧い契約と、新しい契約

キリスト教で「聖書」という時は、「旧約聖書」と「新約聖書」の両方を指します。ただし、その二つの内容や成立背景は大きく異なります。

旧約聖書はもともとユダヤ教の教典で、ヘブライ語（一部はアラム語）で書かれています。全体は三九の文書からなり、紀元前一〇世紀から紀元前二世紀半ばにかけて、多くの著者や編集者の手をへてまとめられました。旧約聖書の内容は、大まかに言いますと、古代イスラエルの歴史と信仰です。アダムとエバの誕生、カインのアベル殺し、ノアの方舟、モーセの海割りと十戒など、「創世記」や「出エジプト記」にあるいくつかのエピソードは映画やアニメにもなっています。怪力の持ち主であるサムソンとデリラの物語（士師記）や、ゴリアトを倒す少年ダビデの物語（サムエル記）などは、美術作品のモチーフにもなってきました。「ヨブ記」「箴言《しんげん》」「コヘレトの言葉」などの文書は、知恵文学とも呼ばれ、信徒ではなくても普遍的な人生訓や真理に関する作品として読むことができます。

それに対して、新約聖書はキリスト教オリジナルの教典です。こちらの原文はコイネーというギリシア語で書かれており、全体は二七の文書からなっています。各文書の成立は、五〇年頃から一三〇年頃にかけてです。実際には二七の文書以外にも、イエスに関するさまざまな文書がありました。四世紀の半ば頃にはだいたい今の二七の文書が正典のようなものと認識されるようになっていたようですが、いちおう三九七年のカルタゴ会議で正典目録が発表されたのをもってして確定したとされています。大昔の文書というと「巻物」というイメージがあるかもしれません。旧約聖書は確かに巻物（スクロール）でしたが、新約聖書の方は、最初からほとんどが冊子体（コデックス）でした。

なぜユダヤ教の教典である旧約聖書もキリスト教の教典の一部になっているのかといいますと、キリスト教はユダヤ教から派生した宗教であり、ユダヤ教の伝統を色濃く引き継いでいるからです。「旧約」とか「新約」というのは、それぞれ「旧《ふる》い契約」「新しい契約」という意味で、神と人とのあいだで結ばれる契約のことを指しています。かつて神と古代イスラエル民族とのあいだに契約が結ばれましたが、キリスト教においては、その「旧い契約」は無効になってイエスを仲介者として神と人とのあいだに「新しい契約」が結ばれたと考えます。キリスト教徒は、旧約聖書で預言されている「新しい契約」がイエスの十字架上の死によって成就したと捉えます。そのため新約聖書は旧約聖書の中身を前提とした内容になっており、現に旧約聖書からの引用も多くあります。こうしたわけで、旧約聖書と新約聖書は、書かれた年代も言語も異なるにもかかわらず、両者のあいだには連続性があって二つで一セットとみなされているわけです（ちなみに、旧約を構成する文書が三九で、新約の方は二七であることについては「さんくにじゅうしち」と覚えます）。

新約聖書の内容

新約聖書の主な内容は、イエスの生涯と宣教、およびイエスに対する信仰です。これは合計二七の文書から成ると言いましたが、最初の四つはイエスの行動や発言を描いた「福音書」と呼ばれる文書です。それぞれ「マタイによる福音書」「マルコによる福音書」「ルカによる福音書」「ヨハネによる福音書」というタイトルがつけられています。これら「福音書」というのは、歴史学的正確さを重視した伝記ではありません。あくまでもイエスがキリスト（救世主）であるという認識を前提にして書かれたものであり、それぞれの著者によって微妙に異なる信仰理解が反映された文書になっています。

四つの福音書の次に来るのは「使徒言行録」という文書で、そこではイエスの死後における弟子およびパウロたちによる伝道の様子が描かれています。この文書の次には、二一通の手紙が続きます。その二一通のうち一三はパウロの名による書簡で、その一三のなかでパウロの真筆とされているのは七通です。そして最後に「ヨハネの黙示録」という文学的文書が置かれて、新約聖書は終わっています。こうしてみますと、一般にキリスト教というと「イエスの教え」だと言われることがあり、それはそれで間違いというわけではありませんが、実際には「パウロの言葉」もこの宗教のかなりの部分を直接的に形成していると言えるでしょう。

イエスは何も文章を書き残さなかった

新約聖書を読むうえで念頭に置いておかねばならない重要な大前提は、イエス自身は一切文章を書き残さなかったということです。

イエスが生まれる四〇〇年ほど前に死んだ哲学者ソクラテスも、自分では一切文章を書き残しませんでした。現在ソクラテスについて語られていることは、すべて他人による間接的な伝達を基礎にしています。彼について主な資料を残したのは、プラトン、クセノフォン、アリストファネス、アリストテレスの四人です。彼らの描いたソクラテス像には共通した点もありますが、違っている部分も多くあります。四人はそれぞれ違った性格や人生観をもっていたので、それぞれに応じたソクラテス像が残された、と言うべきかもしれません。

イエスの場合もこれと似ています。一人の人間が後の歴史に与えた影響の大きさとしては、イエスのそれは人類史上最大規模と言ってもいいと思います。しかし、新約聖書でイエスについて書かれていることは、ソクラテスの場合と同様に、すべて他人による間接的な伝達を基礎にしたものです。イエスの言葉と行動、そしてイエスに対する信仰について書かれた「新約聖書」を構成する二七の諸文書は、イエスが死んでから一〇〇年くらいのあいだに書かれました。それらの文書のなかで、最初に書かれたのは「テサロニケの信徒への手紙一」だと考えられています。それでさえ、書かれたのは西暦五〇年頃、すなわちイエスが死んで二〇年もたってからのことです。しかも、それを書いたパウロは、生前のイエスと直接は会ったことがありませんでした。

宗教は集団で営まれるもの

ドイツの著名な新約聖書学者ゲルト・タイセンは、その著書『新約聖書――歴史・文学・宗教』のなかで、新約聖書とは「ローマ帝国の内部に存在した一つの小さな宗教的サブカルチャーの文書を集めたもの」であり、「このサブカルチャーはユダヤ教に対する新しい解釈として成立した」（大貫隆訳）と述べています。

聖書はキリスト教内で「聖なる書物」と認識されており、信徒の一部には、そこに書かれていることは文字通り「神の言葉」であるから一字一句全て正しい、と疑わない人もいます。しかし聖書は、実際のところは、さまざまな歴史や文化を背負った幾人もの人間の手によって書かれ継承されてきた、古代文書の集合体に他なりません。聖書というのは、客観的にはそう言わざるをえないものです。そして重要なのは、先ほども言いましたように、正典ができてから「正統」が生まれたわけではない、ということです。正典を編纂するには、そこに何を入れるべきかという判断の基準がまず先になくてはなりません。人々のあいだですでに「正統」についてのおおよその理解があり、それを反映させる形で正典ができたのです。したがって、多くの文書群から一部のものだけを選んで正典とし、それらには神的な権威があるのだとみなすということの背後には、そうすることでもって自分たちを正当化・絶対化するという政治的な動機もあったと言えます。

とにかく、キリスト教世界のなかでは、聖書の「権威」は無条件の大前提です。キリスト教信仰の究極的な基準はこうした「聖書」と総称される文書群で、信徒たちは、それには権威があると「信じ」ており、そこに書かれている内容は正しいと「信じ」ているというわけです。

人間の「標準化」としての宗教

科学史家の橋本毅彦による『「ものづくり」の科学史――世界を変えた《標準革命》』という本があります。この本の主題は宗教とは関係なく、あくまでも科学史・技術史の観点から、「互換性」「規格」「標準化」といった発想の誕生と発展を解説した内容になっています。今私たちの身の回りには、ネジ、乾電池、コンセント、シャープペンシルの芯、コピー用紙、パソコンの端子など、互換性や規格に基づいた物品が多くあります。部品に互換性があれば、壊れた場合も全体を丸ごと取り替えるのではなく、故障した部品だけを交換すれば済みます。消耗品も、規格を定めておけば補充や取り替えが迅速に効率的におこなえます。この本では、一八世紀のフランスやアメリカにおける銃など軍事兵器の部品の互換性についての歴史から始まります。そして、ネジの長さや太さに関する規格などを例に、ものづくりにおいて「互換性」や「規格」「標準化」という発想がどのように生まれ、実現されていったのかについて解説されています。

そして著者の橋本は、その本のエピローグで、秦《しん》の始皇帝は中国全土を統一すると度量衡と貨幣の「標準化」につとめ、さらに言語や法律の統一化を推進したことを紹介しています。興味深いのは、彼は続けて「焚書坑儒《ふんしょこうじゅ》」についても触れていて、それは「ある意味で人々の思想の標準化と解することもできよう」と述べている点です。この「思想の標準化」とは面白い表現だと思います。これにならいますと、まさに「宗教」というのは、人間にある程度の「規格」を定め、その社会の構成員を「標準化」するための仕組みである、と言ってみることもできるかもしれません。これは宗教学的には特に新しい見方ではありませんが、ネジや鉄パイプやコンセントやその他機械部品の製造について用いられるようになった標準化という概念を、「宗教」という人間ならではの営みにも当てはめてみるならば、少し新しいイメージで宗教という営みについて考え直すことができるようになるかもしれません。「宣教」という営みも、鳥瞰的《ちょうかんてき》に眺めますと、異なる地域や文化で生きている人たちに自分たちと共通の「規格」を与え、いわば人間を「標準化」させようとする営みだと言うこともできます。

新約聖書は二七の文書を「正典」としたものだと言いましたが、その正典成立の背景には、異端とされたマルキオン派による「マルキオンの聖書」がありました。キリスト教の主流派は、マルキオン派を批判するなかで、彼らが強固な組織をつくっていくことができたのは「マルキオンの聖書」の存在が大きかったことに気付きました。そこで初めて、自分たちも「正典」を定めることで基盤を固めようと考えるようになったのです。特定の文書群に権威を与えて「聖書」と呼び、それをもってして信仰の基準ないしは教会組織の基礎にしようと考えて、現在にいたっています。こうしたプロセスを念頭に置きますと、聖書という書物もまた、キリスト教内部で信徒たちを「標準化」「規格化」するための装置として機能してきたと見ることもできるかもしれません。

信徒たちは平和の教えを「信じ」ているのか

さて、人々を「標準化」する集団的な営みとしての宗教は、その構成員の思考や感性や行動を似たものにすることで、連帯や結束を強化するという機能を持ちます。換言しますと、社会の安定や発展のために宗教を「利用」するということもできます。それは社会秩序を維持するという意味ではプラスに働くと言えますが、特定の宗教に基づくものの見方やそれらの伝統への固執は、しばしば他の人々を差別したり抑圧したりするなど、誰かを傷つける行動に向かわせてしまったりすることもあります。宗教のマイナスの影響についてはさまざまな例がありますが、よく指摘される問題の一つが、戦争やテロです。一人ひとりのキリスト教徒は愛と平和を口にしていますが、しかし、世界史の教科書を見るかぎり、これまでキリスト教はさまざまな戦争や虐殺にも関わってきました。人を殺した数だけで言えば、二〇世紀末のオウム真理教よりも、中世や近世のキリスト教の方がはるかにひどいようにも見えます。これはいったい、どういうことなのでしょうか。

キリスト教徒は、自らを愛と平和の宗教だと称します。福音書にあるイエスの言葉、「だれかがあなたの右の頬を打つなら、左の頬をも向けなさい」とか「剣を取る者は皆、剣で滅びる」などは有名です。「敵を愛せ」とも書かれています。別の箇所では、イエスは「平和の君」とも呼ばれています。新約聖書に含まれているパウロの書簡のなかにも「あなたがたを迫害する者のために祝福を祈りなさい。祝福を祈るのであって、呪ってはなりません」とか、「自分で復讐せず、神の怒りに任せなさい」などの一文が見られます。聖書を「信じ」ている限り、キリスト教徒は武力を用いることができないはずです。

ところが、それにもかかわらず、これまでキリスト教徒たちは当然のように剣や銃を手にしてきましたし、今でもそうしています。こうした現実を指して「キリスト教徒」や「キリスト教会」の全体に不信感を覚えるのはもっともかもしれません。では、キリスト教徒やキリスト教会はみな、口先で綺麗事《きれいごと》を言っているだけで、言行不一致だということになるのでしょうか。彼らは、実は聖書なんてたいして「信じ」てはいないのでしょうか。

キリスト教は本当に「非暴力」？

キリスト教徒たちは、属している教派に関係なく、みな確かに「平和」を祈っています。その時点で意見が食い違うということはまずありません。しかし、端的な事実として、主流の教派は戦争そのものにはもちろん反対ですが「正当防衛」までは否定していません。つまり、条件付きでは武力の使用を認めています。そのことは、キリスト教の影響力が強いどの国にも、当然のように軍隊や警察があることから明らかでしょう。実際のキリスト教社会は、非暴力主義を実現していませんし、実現させるつもりもありません。

全キリスト教の過半数を占める最大グループのローマ・カトリック教会は、公的文書において、戦争というものを悪として強く非難しつつも、いわゆる正当防衛については権利であるのみならず義務でもあるとして、やむをえない限りでの軍事力行使には肯定的な立場を表明しています。したがって、カトリック教会は軍隊、軍人の存在にも肯定的で、各国の軍隊に専属の司祭（従軍チャプレン）をつけることにも積極的です。

そもそも、カトリックの総本山であるバチカンには、大きな槍斧《そうふ》や剣を持った「スイス衛兵」がいて、教皇とバチカンの施設を警備しています。彼らは赤い羽のついたヘルメットや鮮やかなイエローとブルーの制服を身につけていて、観光客にも人気ですが、その装備品にはちゃんと銃も含まれています。スイス衛兵の紹介動画には、射撃訓練のシーンも出てきます。堂々と槍斧や剣を手にしている衛兵たちの存在は、「剣を取る者は皆、剣で滅びる」というイエスの言葉とは明らかに矛盾しているとしか思えません。しかし、カトリック信徒で「これはおかしい」と声をあげる人を私は見たことがありません。つまり、教皇や枢機卿《すうききょう》はもちろん、ほとんどの信徒は、キリスト教徒が武器を手にして戦いに備えることについて、何の違和感も抱いてはいないのです。

このような素朴な現実を見ますと、聖書の教えを「信じる」とはいったいどういうことなのか、ますますわからなくなります。

キリスト教徒たちは武力行使に躊躇しない

プロテスタントも、主流派とみなされるグループは、みな条件付きで武力行使を認めるいわゆる「正戦論」の立場を取っています。もちろん、個々の牧師や信徒たちに対して、戦争についてどう考えていますかと質問をすれば、「戦争は悪であり、断固として反対します」などと答えるでしょう。しかし、だからといって完全な無抵抗・非暴力を実践しようとしているわけではありません。

宗教改革の立役者であるマルティン・ルターがすでにそうでした。ルターは聖書をドイツ語に翻訳したくらいですから、イエスやパウロの非暴力主義的な言葉を誰よりもよく知っていました。しかし、そんな彼も、ドイツ農民戦争のときには暴動を起こした人々を大変強い口調で非難しています。ルターは、暴徒たちを武力で鎮圧することを奨励し、殺人や強盗をおこなっている連中については「彼らを打ち殺し、絞め殺し、刺し殺さなければならない」「狂犬を打ち殺さなければならないときと、事情は同じ」（渡辺茂訳）だと述べています。ルターの著作は日本語にも翻訳されていますので、読んでみてください。彼は軍務についても、それを一つの職業として正当なものだと認めていました。剣をもってして平和を維持しようとすることは、社会秩序を守るために当然必要なことだと考えていたのです。

フランス語圏における宗教改革で指導者的立場にあったカルヴァンも、『キリスト教綱要』で明確に「正当な戦争」があることを認めていました。聖書には戦争を認めるような記述などないではないか、という反論が予想されますが、彼はそれに対して「戦争をする根拠は、むかしあったとおり、今日も残っているし、また、一方、官憲がその臣民の擁護を行うことを妨げる理由は、何ら存しない」（渡辺信夫訳）と述べています。スイスの宗教改革者ツヴィングリも、聖書を信仰の究極的な拠り所とみなしつつも、いわゆる絶対平和主義者・非暴力主義者ではありませんでした。ツヴィングリの書いたものからも軍事拡張主義は明白に読み取ることができ、彼は軍事力行使によるカトリック諸州の制圧を主張しつづけました。現に彼は、カトリック軍がカッペルにやって来た際、自ら鎧兜《よろいかぶと》に身を固め、腰には戦斧《せんぷ》をはさんで邀撃《ようげき》のための市民兵に加わり、最後は戦死しています。現在、チューリッヒの教会にツヴィングリの銅像がありますが、その手には、聖書に加え、大きな剣も握られています。

絵画などでは、パウロもしばしば手に剣を持っている姿で描かれますが、確かに彼は武力行使を奨励したことはありません。彼が剣を手にした姿で描かれているのは、強靱《きょうじん》な信仰を持っていることや、神の兵士であることを意味するもので、あくまでも象徴的なものです。

しかし、実際に新約聖書のなかで信仰について語られている部分を見ますと、「キリストの兵士」とか「霊の剣」とか「信仰の盾」とか「光の武具」とか、そういった軍事的比喩が多用されているというのも、なかなか不思議なものであるように思われます。

絶対平和主義と非暴力主義は少数派

戦争や暴力に対する基本的な立場は、現代もルターの時代とほとんど変わりません。二〇世紀にも幾度もの戦争がありましたが、その時代を代表するアメリカの神学者・牧師に、すでに第二章でも紹介したラインホルド・ニーバーがいます。彼もキリスト教徒として、当然ながら戦争を非難しました。しかし、政治や社会問題にも関心を持っていた彼は、決して単純な意味での平和主義者ではありませんでした。ニーバーは、人間というのは一人ひとりとしては道徳的に正しくあろうとしても、集団を形成して行動する際にはしばしば十分な自覚なしに悪に加担してしまうことがある、と考えます。そして、実際の人間の限界や矛盾を念頭におくならば、実力行使を完全に否定することは不可能であり、純粋な非暴力主義は、ときには無責任でさえありうるとみなしました。ニーバーと同世代のドイツの神学者・牧師に、ディートリッヒ・ボンヘッファーがいます。ボンヘッファーの言葉についてもすでに第二章で紹介しましたが、彼は第二次大戦中に、ヒトラー暗殺計画に関わっていました。それが発覚したことによって、彼は三九歳で絞首刑に処せられています。

こうした例は枚挙にいとまがありませんが、要するに、昔も今も、キリスト教の主流派は確かに戦争には否定的で、それを強く非難するものの、防衛のためのやむをえない暴力・武力行使には肯定的な立場を選んできたのです。キリスト教徒のなかには、完全に非暴力主義を貫こうとするグループもあるにはあります。具体的には、クェーカー、メノナイト、ブレザレンなどが挙げられます。しかし、そうした絶対平和主義や完全な非暴力主義を貫徹している教派は、総じて小さなグループばかりです。政治的な影響力をもつ大きな教派が、その国の政府に完全な非暴力主義を実践するよう働きかけた例はほとんどありません。キリスト教の歴史は、「愛」も「平和」も結局は武力があるからこそ主張できる、という皮肉な現実を身を持って示しているようにも見えます。

こうした歴史を見てきますと、繰り返しになりますが、やはりキリスト教徒が「信じている」と言うときのその言葉の意味について、問わざるをえなくなります。決して非難しているのではありません。そうではなく、聖書の権威や教えを「信じている」と言いながら、それでも聖書の文言とは明らかに違う行動をとっているので、結局彼らの言う「信じる」とはいったいどういう意味なのか、素朴に疑問に思ってしまうのです。

ってきました。

宗教は「戦争の原因」であるとは言えない

戦争を非難しつつも正当な防衛のために条件付きでは武力行使を容認するという態度は、「信仰」を別にすれば、最も現実的なものかもしれません。しかし、実際のところ、それぞれの状況における判断や解釈は恣意的になりがちなので、結局は戦争を繰り返すことにもなってきました。

では、条件付きでは武力行使を容認するキリスト教の主流派は、戦争の「原因」にもなってきたと言えるでしょうか。しばしば、キリスト教など「一神教」は、神は唯一だとするがゆえに他の思想や信条と対立した際になかなか妥協することができず、つまり不寛容なので、戦争を起こしやすいのではないか、と言われることがあります。しかし、結論から言いますと、キリスト教をはじめ、宗教が戦争の「原因」になりうるという主張には、少々無理があると言わざるをえません。その理由を述べましょう。

まず、歴史上、確かにキリスト教はさまざまな戦争やテロ行為をしてきました。しかし、信仰をかかげて戦争をしていた期間は、戦争をしていなかった期間よりもはるかに短いのが実際のところです。キリスト教が戦争の「原因」だというのならば、ではなぜキリスト教徒が戦争をしないでいられるのか、なぜ戦争をしていない期間の方がずっと長いのかについて、十分な説明をせねばならなくなります。戦争やテロは当然ながら、ある時、ある場所で、つまり「特定の状況下」で起きています。したがって、その発生には宗教以外にも原因があると考えるのが自然です。歴史的には、一神教徒も、多神教徒も、無神論者も、みな戦争やテロに関わってきました。「信仰・思想」と「戦争・暴力」とのあいだに、明確な因果関係を示すことは困難です。

また、戦っている人が信仰をもっているということと、戦いの原因がその信仰であるかどうかは別問題であることも重要です。世界総人口の約五五％はキリスト教徒とイスラム教徒で占められており、ヒンドゥー教、仏教、およびその他の宗教も加えると、人類の約八五％は何かしら宗教を信じています。したがって、命をかけた武力闘争に何らかの宗教の信徒が関わっている可能性は高くて当然です。戦争や武力闘争には、政治や経済をはじめとするさまざまな要因がありますので、戦闘の当事者が何らかの信仰をもっているからといって、宗教だけをその争いの「原因」だとみなすことはできません。確かに宗教が戦争を正当化したり、助長したりすることはよくありますが、それは宗教がその争いの「原因」になっているかどうかとは分けて考えねばなりません。戦争、テロ、そして殺人や暴力事件など、社会的逸脱行為の発生率を規定しているのは宗教だけではありません。

そもそも、根本的な点なのですが、いったい何を示せばその宗教が「その戦争の原因」だったと証明したことになるのかが不明確なのだと言ってもいいでしょう。戦争というのは巨大な社会的事象であり、政治・経済・地理的環境・為政者の個性・歴史的文脈など、実にさまざまな要素が絡み合って生じています。列車の脱線や住宅の火災など、小規模な事故や事件であればその「原因」を突き止めることは可能かもしれません。しかし、戦争というのは、複数の国家あるいは非国家主体と大勢の人々を巻き込む長期的な社会的事象なので、その「原因」を探るというのは容易ではありません。戦争一般の原因について無理に論じようとしますと、それは結局のところ、人間が本性的に求めたり気にしたりするもの、すなわち「利益・恐怖・名誉」であるといった抽象的な話になってしまい、現に古代からそういう議論がなされてきました。また、「きっかけ」と「原因」は必ずしも同じではありませんから、そもそも「原因」とはいかなる概念なのかという哲学的な考察さえ求められるかもしれません。

ざっとこうした点から、キリスト教やその他の宗教は「戦争を正当化することがある」のは確かですが、それらが「戦争の原因である」と断定することはできません。

宗教は「平和の原因」であるとも言えない

また、物事は常にその逆のこと、反対のことについて考えてみることも重要です。キリスト教は「戦争の原因」とは言えないと述べましたが、では「平和の原因」になっていると胸を張れるでしょうか。

キリスト教は戦争を正当化したり助長したりすることがありますが、逆に、平和を正当化したり、平和を助長したりすることもあります。そのこと自体は確かです。しかし、ではキリスト教それ自体がその社会の「平和の原因」であると証明できるかというと、それもやはり困難です。すでに述べましたように、「戦争」というのは、さまざまな人や組織、政治や経済、地理的環境や歴史的文脈などが複雑に絡みあって生じる事象です。「平和」というのも、政治、経済、法律、教育、医療、福祉など、さまざまな制度や組織などがうまく調和し、公平性が保たれて、差別もなく、多くの人がおおむね満足できている全体的状況を指すものです。「平和」とは実際のところ非常に漠然とした概念なので、そうした言葉で表現される社会的状況の「原因」を、宗教などその社会における何か一つの分野や領域に求めることには無理があります。そもそも何を示したらその宗教がその国の平和の「原因」だと証明したことになるのかもはっきりしません。宗教が「戦争の原因」とは言えないのとほぼ同じ理屈で、宗教は「平和の原因」だとも言えません。

仮に「平和」を「戦争がない状態」だと限定的に捉えるにしても、それとキリスト教との因果関係を示すことはやはり困難です。もしキリスト教がそうした意味での「平和の原因」になりうるのだとしたら、では、キリスト教が現在よりもはるかに大きな影響力をもっていた中世や近世のヨーロッパで、なぜ十字軍や百年戦争や三十年戦争などがあったのでしょうか。二〇世紀半ばまでは、人々はわりと熱心に教会に通っていました。それでも二度の世界大戦があり、毒ガス兵器や核兵器も使用されました。それ以降も朝鮮戦争、ベトナム戦争や、その他テロなどが繰り返されました。二〇世紀は、殺人事件も、暴力事件も、いじめも、差別も、現在よりひどい時代でした。

それに対して、二一世紀現在は、ヨーロッパでもアメリカでも、かつてより礼拝出席率が大幅に低下していますが、それにもかかわらず、昔とくらべれば大規模な戦争や武力闘争は稀《まれ》になり、殺人事件や暴力事件も減っており、差別も是正されてきています。したがって、多くの人が日曜に教会に集まって神に祈りをささげれば戦争・暴力が減って世界の平和が維持・促進されるというわけではなかった、と言えてしまうかもしれません。キリスト教の影響力の低下が戦争や暴力の発生頻度を下げる「原因」になったと証明することができるのかというと、それもやはり難しいでしょう。社会の平和や治安の安定については、宗教以外にもさまざまな要因がありえます。

「キリスト教と戦争」というのは大きなテーマなので、ここではこれ以上詳しくは論じません（詳しくは拙著『キリスト教と戦争――「愛と平和」を説きつつ戦う論理』をお読み下さい）。

ただ、ここで指摘しておきたいのは、愛や平和を説いているキリスト教を「信じ」ている、という自覚のある人が大勢いても、それでもこの地球上から対立や争いは無くなりそうにないという単純な事実です。聖書における明らかな非暴力の勧めにもかかわらず、現実のほとんどのキリスト教徒は、それを実践しません。その教えや勧めを受け入れていません。これは、要するに、ほとんどのキリスト教徒は非暴力の教えについて「知っている」けれども、「信じてはいない」ということに他ならないように見えます。

キリスト教は最初から「一つ」ではなかった

キリスト教は、いわゆる戦争という以前に、その宗教の内部でも争いをしてきました。異教徒に対してだけでなく、同じ神を「信じ」ている者同士のあいだでも、争いをしてきたのです。

現在「キリスト教」と呼ばれる宗教は、決して「一つ」ではありません。「キリスト教」は、教科書的な解説としては、「ローマ・カトリック教会」「東方正教会」「プロテスタント諸教会」という大きく三つに分けられます。これら以外にも「キリスト教」に含めることができるグループはありますが、さしあたり、大まかにはこれら三つと言っていいでしょう。

これまでキリスト教徒は、これら諸教派のあいだでも争いや戦いを続けてきました。日本のことわざに「宗旨の争い釈迦《しゃか》の恥」というのがあります。仏教のどの宗派も、いずれも元はすべて釈迦の教えですから、宗派間の論争はどちらが勝っても負けても釈迦を悲しませることになる、釈迦の恥となる、と宗派間対立のむなしさを嘲るものです。これと同じことは、キリスト教についても言えるでしょう。いくつものグループに分かれてしまっていることそれ自体が、その宗教全体に対する信頼性を損なっている、と考える人もいるかもしれません。

ただ、事実認識としては、最初は一つだったキリスト教が後に分裂していった、というわけではありません。すでに新約聖書のなかに、最初期のキリスト教徒たちのあいだでもさまざまな対立があったことが書かれています。イエスが十字架で死んだ後、人々のあいだで、イエスが「復活」してイエスこそキリスト（救世主）だったのだ、という信仰が生まれました。そして最初のキリスト教の共同体であるエルサレム初代教会ができます。しかし、その教会も一枚岩ではなく、ヘブライオイ（ヘブライ語を話すユダヤ人）とヘレニスタイ（ギリシア語を話すユダヤ人）とのあいだに衝突がありました。両者のあいだには、教会組織を運営していくうえでの対立だけでなく、すでにキリスト教信仰のあり方についての根本的な見解の相違があったと考えられています。また、そもそも新約聖書には四つの福音書があり、それぞれにおいて描かれているイエス像からして微妙に異なった側面をもっています。キリスト教徒たちの思想や組織は、むしろはじめから多様だったと言うべきかもしれません。福音書には、イエスの弟子たちが自分たちのなかで誰が一番偉いのかという議論をしており、それをイエスにたしなめられるというシーンもあります。組織やグループを維持しようとする際にあらわれる問題の萌芽は、イエスの存命中から見られたとも言えそうです。

愛と平和を唱えていても喧嘩をするのが人間

新約聖書内のパウロの書簡で、「コリントの信徒への手紙一」というのがあります。そのなかでパウロは、信徒たちのあいだで、自分は誰々のグループにつく、といったことを言い始めている者がいることについて触れています。つまり、キリスト教徒のあいだで仲間割れがあったり、派閥に分裂していったりするような傾向が見られるとして、それを厳しく戒めているのです。これを、後のキリスト教会におけるさまざまな教派への分裂の予兆と見ていいかどうかについては慎重であるべきかもしれませんが、とにかく初期のキリスト教においても、信徒たちを文字通り「一つ」にまとめておくことはけっこう難しかったことがうかがえます。

実は、パウロ自身も、同じ信仰をもつ宣教仲間と喧嘩《けんか》別れをしたことがありました。そのことも、聖書にはちゃんと正直に書かれています。パウロの宣教の重要な相棒に、バルナバと呼ばれる人物がいました。バルナバというのは「慰めの子」という意味のあだ名で、本名はヨセフといいました。かつてパウロは、キリスト教徒を迫害していた恐ろしい男だったので、イエスの弟子だった者たちは当初はパウロのことを信用せず、警戒しました。しかし、バルナバは優しい男で、弟子たちにパウロを紹介してやり、彼がどのように回心したのかを説明して、信徒の仲間に入るきっかけをつくってくれました。その後もパウロとバルナバは長いあいだ行動をともにして、一緒に宣教をおこないます。まさに苦楽をともにする仲になったわけです。パウロはバルナバに恩がありますし、二人は共に、宣教のために生きるという同じ志を抱いていています。ところが、やがて二人は、次の宣教地へ行くにあたって誰を連れて行くかという点で意見を激しく衝突させてしまい、ついには別行動をとるようになった、と「使徒言行録」に書かれています。世界中に「愛」を伝えようとしたパウロも、その活動の途中で、同じ宣教仲間と決裂してしまったことが聖書には包み隠さず記されているということは、むしろとても重要なことかもしれません。

新約聖書のなかのパウロの名による書簡には、「柔和で、寛容の心を持ちなさい」とか「愛をもって互いに忍耐し、平和のきずなで結ばれて、霊による一致を保つように努めなさい」などとも書かれています（エフェソの信徒への手紙4：2〜3）。それにもかかわらず、そう言っているパウロ自身も、人と衝突したことがあったというわけです。しかし、それをもってして言行不一致だと批判するのは厳しすぎるかなと思います。これは信仰に限らず、企業の経営でも、非営利団体の運営でも、社会運動でも、どんな場面でもありうる人間に普遍的な傾向です。反戦平和運動でさえ、その内輪で揉《も》めたり、対立したりするのが人間というものでしょう。それを考えますと、同じ信仰をもっている間柄であればみんな仲良く楽しくやっていける、というような甘い認識はないからこそ、聖書にも信徒たちの対立について正直に記されているのかもしれません。信仰があろうがなかろうが、人間というものは二人以上集まれば必ず意見を衝突させる可能性があるものです。人間の現実を無視した「信仰」

のイメージは、単なる甘いセンチメンタリズムでしかないのでしょう。

教派間の対話と協同へ

ところで、何かを「信じ」るという営みは、それとは異なる思想や信条をもつ人々を排除することにつながらざるをえないものなのでしょうか。キリスト教においては、異端や他宗教との関係は昔も今も重要な問題でありつづけています。

キリスト教史において、「異端」という言葉は「正統」の対概念として二世紀後半にはすでに現れていました。三世紀前半の教会会議では異端者による洗礼が無効だという判断が出されたり、四世紀以降になるといくつもの会議で特定の人物や教説がはっきりと断罪されたりするようにもなりました。一二～一三世紀には異端審問が制度化され異端審問裁判所も設立されています。

一五世紀のコンスタンツ公会議では、すでに死んでいた神学者ジョン・ウィクリフの裁判が行われて異端とされ、わざわざ墓から死体が掘り起こされて焼かれるなどされました。ウィクリフの影響を受けたボヘミアのヤン・フスも、同じく異端とされて火刑に処せられています。現在では、ウィクリフやフスは宗教改革の先駆者であったと位置づけられています。

フスから約一〇〇年後、一六世紀の宗教改革の時代になりますと、ローマ・カトリック教会からすればプロテスタントはルター派もカルヴァン派もみな「異端」とみなされ、ローマにプロテスタントを排除するための異端審問所がつくられました。しかし、プロテスタントの方も教会組織としての地盤を固めていきますと、そのなかの主流派は、同じプロテスタントでも自分たちの基準に合わない少数派のグループのことは異端視して排斥することがありました。このように、同じキリスト教の内部でも「異端」を迫害したり、カトリック、正教会、プロテスタントのあいだで、あるいはプロテスタントのなかで、壮絶な争いが繰り広げられてきたのです。

しかし、時代が進みますと、こうしたキリスト教内部での争いや対立について、反省の機運が高まっていきました。すぐに無理やりキリスト教全体を「統一」することはかえって混乱を招きますが、せめて対話や協同は進めていくべきではないか、という考えを多くの信徒が持つようになっていったのです。そのような運動、ないしは姿勢のことを、エキュメニカル・ムーブメント（あるいはエキュメニズム）と言います。「教会一致促進運動」とも呼ばれるこうした動きは、後にはキリスト教以外の宗教との交流も含めて取り組まれるようになっていきますが、まずはキリスト教内部の教派間における対話や協同が意図されていました。

二〇世紀に入ってから、キリスト教主流派のなかで、各教派間の対話をなんとか実現していこうという動きが具体化しはじめます。一九一〇年のエジンバラで世界宣教会議が開かれ、そこに世界各国のプロテスタントの代表者が約一三〇〇人も集まりました。それを皮切りに、その後も世界各地で超教派的な宗教者の会議が開かれるようになっていきました。一九四八年に設立された「世界教会協議会」（ＷＣＣ）というものがあります。それは現代では一一〇以上の国や地域における三五〇を超える教会によって構成されており、エキュメニカル運動の中心的な担い手となっています。

「多くの宗教がある」という難問

キリスト教はユダヤ教から派生した宗教なので、「唯一神教」という性格を自覚的に受け継いでいます。神は唯一であるとし、偶像崇拝を禁ずることを基本とするわけです。実際には、三位一体とか、聖人崇敬とか、一神教というコンセプトと矛盾しないのかちょっと心配になる面もないわけではありません。しかし、それでもとにかく、これまでキリスト教徒たちにとって自分たちの神は唯一でありますから、やはり他宗教はすべて誤りであると考えてきました。「教会の外に救いなし」（キュプリアヌス）という言葉がその象徴とされたように、長いあいだ、他宗教の信者はみなキリスト教に改宗されるべき存在に他ならなかったのです。一六世紀から一七世紀にかけて日本にやってきた宣教師たちもそうした考えを持っており、彼らは日本の仏教を悪魔的な偶像崇拝に他ならないと考えました。その時代の宣教師のなかには、日本国内で仏像の破壊を指示したり、そうした行為に直接加担したりした者もいたことが、宣教師自身による記録からも確認できます。

「宣教」とは、自分たちの宗教を相手に受け入れさせるということですが、それは結果的には、相手がそれまで持っていた宗教を捨てさせることでもあります。当然ながら、キリスト教が誕生する以前にも以後にも、この世にはすでにさまざまな宗教が存在しています。いったいなぜ、数多くの宗教のなかでキリスト教こそが、正しいとか、真理であるとか、高等であるなどと自信をもって主張することができたのでしょうか。これは、無宗教者や無神論者の側からの問いとして、とても自然なものだと思います。

それぞれの宗教の信徒が、自分たちこそ正しい、と思っているというのは、傍《はた》から見ればおかしな状況です。もし真理は一つだとするならば、論理的には、一つを除いてそれ以外の宗教は虚偽であるか、あるいはすべての宗教が虚偽であるということになってしまいます。もし真理は複数あるのだと考えるならば、そこでいう「真理」とはいったいどんな価値をもつのでしょうか。それにこだわったり、時には命さえ賭けたりすることの意味や意義が問われるでしょう。この世には多くの宗教が存在している、という素朴な現実は、すべての宗教にとって無視できない難問です。

異なる宗教とも仲良くしようとする動き

キリスト教のなかの最大勢力はローマ・カトリック教会ですが、彼らは二〇世紀半ばにそれまでの姿勢を大きく転換しました。カトリック教会は一九六二〜六五年に「第二ヴァチカン公会議」を開き、教会を「現代化」させようとさまざまな問題について議論したのです。そのなかの一つに、他宗教との関係をめぐる問題がありました。カトリック教会は、最終的には『キリスト教以外の諸宗教に対する教会の態度についての宣言』をまとめました。この宣言では、他宗教を拒絶しないことが明確に打ち出されています。自分たちと異なる宗教的伝統を拒絶せず、その戒律、教理、行動様式や生活様式についても「心からの敬意をもって考慮する」と書かれています。信徒に対しても、キリスト教の信仰と生活を大切にするようにと指示しつつも、他の宗教の信徒とも対話や協力をして、霊的・道徳的な富や社会的・文化的な価値を促進していくように、と述べられています。

同系統の宗教であるユダヤ教やイスラム教についても、具体的に言及されています。キリスト教の母体であるユダヤ教については、キリスト教と共有する霊的遺産がとても多いと指摘したうえで、互いに理解し尊重すべきであるとし、ユダヤ人に向けてはいかなる迫害も差別もなされてはならない、としています。イスラム教については、イエスを神とは認めないけれども預言者としては敬っている点や、その母であるマリアも尊び、時にはマリアに対して敬虔《けいけん》に祈りさえすることを指摘しています。そして、そのようなイスラム教徒たちと相互に理解を深めて、ともに善や平和や自由を守っていくことが大事である、としています。

宗教というのは、どれも基本的には自らの真理性や正統性を主張するものです。したがって、他宗教に対して寛容であることは、自らのアイデンティティを揺るがすことにつながりかねません。しかし、現にこの世には多くのさまざまな宗教が存在していますので、それらの全てを否定するわけにもいきません。自らの真理性を主張しつつも、同時に他宗教の存在やその価値を認めることが求められますし、さまざまな形での対話や協同も避けられないのが実際のところです。

信仰を捨てることは悪なのか

現代のキリスト教主流派においては、諸宗教の間で何かしら建設的な関係を構築し維持すべきだという姿勢はもはや大前提であり、常識だと言ってもいいでしょう。ただし、現在は欧米でもキリスト教から離れていく人が増えており、無神論者・無宗教者も増加しています。したがって、これからのキリスト教は、他教派や他宗教に対する「寛容」のみならず、無神論者や無宗教者、すなわち「信じない人たち」との関係についても再考が迫られると思います。

宗教においては、信仰を持ち続けることが大切だとされます。信仰を捨てることは、その宗教からすれば当然ネガティブに評価されます。そんなの当たり前ではないかと思われるかもしれませんが、信仰を捨てるというのは、本当に、常に必ず悪いことなのかについても、先入観なしに考え直してみることは大事ではないでしょうか。他宗教は認めておきながら、無宗教や無神論は許せないとするならば、それはそれで少しおかしいようにも感じます。いわゆるカルト問題のように、宗教によって救われるどころか、むしろ宗教によって傷つけられる例があることも周知の通りです。「信じること」が常に正しいという宗教内での常識に対して、私たちはもう少し柔軟であってもいいように思います。

キリスト教史を見ますと、かつては異端だとして断罪されていたものが、今では正統だとみなされていたりもするように、評価は時代によって容易に変化します。信仰が「ある」のか「ない」のかも、その時代の人々によって、いわば社会的・政治的に決めつけられているに過ぎないように見えることもあります。信仰を「守る」とか「捨てる」とか、いろいろな言い方がありますが、それはいったいどういうことを意味しているのでしょうか。これは大きな問題なのでここで結論を出すことはできませんが、これについて考えるにあたり、一つの例として、芥川龍之介の『おぎん』という短編を紹介したいと思います。それは芥川の作品のなかの、いわゆる「キリシタン物」に分類されるものの一つで、次のような物語です。

芥川龍之介『おぎん』

舞台は一七世紀初頭、キリシタン迫害がなされていた頃の日本です。主人公はおぎんという少女です。おぎんの実の両親は、大阪からはるばる長崎に流浪してきたのですが、すぐに彼女一人を残したまま死んでしまいました。おぎんは、孫七とおすみという心優しい夫婦にひきとられ、養女として育てられました。孫七とおすみはキリシタンで、おぎんも洗礼をさずけられました。すでに禁教令が出されている時代でしたので、彼らは村人たちの目に触れないように神に祈っていましたが、普段は牛を追ったり、麦を刈ったりしながら、三人は幸せに暮らしていました。

ところが、ある年のクリスマスの日に、突然孫七たちの家に役人たちが押し入ってきました。今夜だけはと室内の壁に十字架がかかっていたので、キリシタンであることがばれてしまい、三人はすぐに縛り上げられて代官の屋敷に引き立てられていきました。そして孫七、おすみ、おぎんは土の牢《ろう》に投げ込まれたうえ、棄教するようにと拷問を繰り返されました。しかし彼らの信仰は篤《あつ》く、水責めにあっても火責めにあっても動じませんでした。彼らは天国へ行けるまでのもう少しの辛抱であると確信していました。辛い日々でも、夢ともうつともつかないなかに天使があらわれて、彼らを慰めてくれたのでした。代官は幾度も幾度も信仰を捨てるように説得を試みますが、彼らはどうしても態度を変えません。代官は彼らを一月も土の牢に入れていましたが、とうとう三人とも焼き殺すことにしました。

村外れの刑場へ連れて行かれた孫七、おすみ、おぎんは、それでも恐れる気配はありません。それぞれ角柱にくくりつけられた三人は、連日の責め苦でやつれてはいますが、表情は穏やかです。大勢の見物人たちが刑場の周りを取り囲んでおり、火が点けられるのを今か今かと固唾《かたず》を飲んで見つめています。やがて全ての準備が整うと、役人はあらためて三人の前に進みより、本当に棄教しないか、今一度よく考えてみろ、もし信仰を捨てると言えばすぐにでも縄をほどいてやる、と言いました。しかし、誰も答えません。刑場は静まり返ります。

しかし、その瞬間、意外な声がしました。

「わたしはおん教を捨てる事に致しました」

声の主は、なんとおぎんでした。見物人たちは騒ぎ立ちます。孫七とおすみは驚いて、おぎんの顔を見て叫びます。「おぎん！　お前は悪魔にたぶらかされたのか」「おぎん！　おぎん！　お前には悪魔がついたのだよ。祈っておくれ、祈っておくれ」。しかし、おぎんは返事をしません。役人はおぎんの縄をほどくように命じました。縄をとかれたおぎんは孫七とおすみの前に来て、跪《ひざまず》いて涙を流して言いました。

「お父様、お母様、どうか堪忍して下さいまし」。そして続けて言いました。

「わたしはおん教を捨てました。その訣《わけ》はふと向こうに見える、天蓋のような松の梢に、気のついたせいでございます。あの墓原の松のかげに、眠っていらっしゃる御両親は、天主のおん教も御存知なし、きっと今頃はいんへるの〔地獄〕に、お堕《お》ちになっていらっしゃいましょう。それを今わたし一人、はらいそ〔天国〕の門にはいったのでは、どうしても申し訣がありません。わたしはやはり地獄の底へ、御両親の跡を追って参りましょう。どうかお父様やお母様は、ぜすす〔イエス〕様やまりや〔マリア〕様の御側《そば》へお出でなすってくださいまし。その代わりおん教を捨てた上は、わたしも生きてはおられません」

これを聞いていたおすみも、ほろほろと涙を流し始めました。そんなおすみを見て孫七は言います。

「お前も悪魔に見入られたのか？　天主のおん教を捨てたければ、勝手にお前だけ捨てるが好い。おれは一人でも焼け死んで見せるぞ」。すると、おすみは答えます。

「いえ、わたしもお供を致します。けれどもそれは――それは――」「けれどもそれはははらいそ〔天国〕へ参りたいからではございません。唯あなたの、――あなたのお供を致すのでございます」

それを聞いた孫七はだまり、顔は蒼《あお》ざめ、玉の汗が顔にあらわれました。泣き伏していたおぎんが顔をあげました。そして孫七を見つめて言いました。

「お父様！　いんへるの〔地獄〕へ参りましょう。お母様も、わたしも、あちらのお父様やお母様も、――みんな悪魔にさらわれましょう」

とうとう、孫七も信仰を捨てました。

以上のような物語です。

おぎんらの棄教は悪魔にとって「成功」だったのか

おぎんの実の両親はキリシタンではなく、仏教徒だという設定になっています。幼くして両親を失ったおぎんは心優しい夫婦に引き取られますが、彼らはキリシタンだったため、おぎんもその信仰を教えられ同じくキリシタンになった、というのが物語の背景です。

現在のキリスト教では、異教徒はみな地獄に落ちるなどとは言いませんが、当時は確かに、天国に行けるのはキリスト教徒だけだと教えられていました。おぎんは最終的には棄教しますが、それは拷問の苦痛や死の恐怖から逃れるためではありません。今は火炙《ひあぶ》りをまぬがれても、「おん教を捨てた上は、わたしも生きてはおられません」と言っているように、彼女はすぐに自ら死を選ぶことを示唆しています。おぎんは、自分の実の両親は地獄に堕ちたと思っているので、自分だけが天国に行くのはあまりに申し訳ないという思いから、あえて棄教することにしたのです。棄教せずに死ねば天国に行けるし、その覚悟は十分にあるのに、実の両親への愛情のゆえに、あえて棄教して地獄に行く、という壮絶な決断をするわけです。人々の目にはこれは「堕落」「躓《つまず》き」と映り、物語の最後では、棄教した三人の様子を見て悪魔が大喜びした、とされています。しかし芥川は「そう無性に喜ぶ程、悪魔の成功だったかどうか、作者は甚だ懐疑的である」と唐突に彼自身の意見を付け加えて、この物語を締めくくっています。

一般にこの作品については、芥川は日本人の心性とキリシタン信仰との矛盾・衝突を主題とした、などと解説されます。これは、単におぎんの両親に対する愛情というだけでなく、日本の伝統的な「家」に対する考えとキリスト教との相克を描いたものだと言ってもいいかもしれません。いずれにしても、この短い物語で表現されている問いは重要だと思います。

もしキリスト教の側が、ここで描かれたようなおぎんの行為を「棄教」だとしてもっぱら否定的に評価するならば、私としては、そのようなキリスト教の方に違和感を覚えます。

そもそも、おぎんの決断は、天国や地獄という考えを前提としているから可能になっているように見えます。あくまでも、当時のキリスト教的世界観の内部でおぎんは苦悩し、決断しているので、形式上は棄教したということになりましたが、おぎんは「信じる」ことをやめたわけではないように思われます。むしろ、「信じ」ているからこそ棄教したと言ってもいいのではないでしょうか。芥川も、要するにおぎんらの決断はキリスト教的な愛と矛盾していないと考えているのではないかと思われます。社会的にはキリスト教を捨てたような形になったけれども、内実としては棄教ではない場合もありうるのではないか、という見方はとても大切ではないでしょうか。

何が正しいのか

この『おぎん』の舞台である禁教時代から三〇〇年ほどたってから、一九世紀末や二〇世紀初頭には、再び多くの宣教師が日本にやってきました。日本人のキリスト教徒も増えていきます。しかし、なかには、いったんはキリスト教徒になったものの、「正統」とされた教会のあり方に納得できずにそこから離れていった人たちも多くいました。しかし、結果的には「異端」とか「背教者」などと言われて教会から出ていってしまったそういう人たちのなかにも、キリスト教の根本的なメッセージを誠実に受け止めていた人はいたはずだと思います。

現在でも、教会には行かなくなって、信徒たちからは「信仰を失った」とか「躓いた」などとみなされていても、それでも真摯に物事を考え抜こうとしている人たちは決して少なくないのではないでしょうか。逆に、キリスト教信仰をきちんと守っているようなポーズをとっていても、単にそうした体裁を取り繕っているだけという人たちもいるでしょう。現実にはそうした行為や態度もありうるということは、宗教史を少しでも学んだ人は誰もが知っているはずです。

信仰の有無やその正当性を誰が何を基準に判断するのかは、非常に難しい問題です。何をもってして「私は信じている」とか「あの人は信じていない」と言えるのでしょうか。「愛」はキリスト教徒だけのものではありません。無宗教者にも、無神論者にも、素晴らしい人は大勢います。聖書の文言と実際の信徒たちの振る舞いの齟齬《そご》、宗教と戦争の関係、教派間の争い、他宗教の迫害などについて考えますと、やはり結局は、「信じる」とはいったいどういうことなのかを考えざるを得なくなります。

第五章

神を「信じ」たら、善良な人間になれるのか

「人格者」になりたい私たち

私たちは、いつかは死にます。生まれた以上は必ず死ぬので、「生きている」ということは「死にかけている」ということに他ならないと言ってもいいのかもしれません。

どんな一生を送っても、必ず「死」という同じゴールにたどり着くのならば、もう好き勝手に生きればいいではないか、という考え方もあると思います。しかし、多くの人は、この世に生まれた以上はなるべくきちんとした人間として生きたい、と思うものではないでしょうか。少なくとも、あえて邪悪で腹黒い人間になりたいと思う人よりは、善良で徳のある人間になりたいと思う人の方が多いと思います。では、どうしたらそうなれるのでしょうか。

人は、それぞれの生育環境、学校、職場、人との出会い、生まれ持った体質や性格、努力、そして時代的運命などをとおして、自己を形成していきます。ある年齢までは平凡でも、何かをきっかけに人格者と呼ばれるようになることもあれば、その逆のパターンもあるかもしれません。周囲からは人格者とみなされていても、実は陰で悪いことをしている人もいれば、またその逆のようなパターンもあるかもしれません。しかし、そもそも私たちは、他人の人格の善し悪しを正しく見極められるものなのでしょうか。いったい何をもってして「人格者」などと呼んでいるのでしょうか。そうした肝心な部分を実はよくわかっていないのに、それでも私たちは、自分や他人の人格や人柄をあれこれ気にしながら生きています。

一般には、ゴータマ・シッダールタにしても、ナザレのイエスにしても、立派な人物だったと認識されていると思います。「宗教家」といえば清廉潔白であって当然、というようなイメージもあるでしょう。では、宗教を「信じ」たら、私たちは、清く、正しく、親切で、温かな人間になって、何かしらよりよい社会の形成に寄与することができるようになるのでしょうか。「信仰」は、人を善良にし、人格を高めるものなのでしょうか。この章では、この問題について見ていきたいと思います。

よい生き方と学問

宗教の話に入る前に、多くの人にとっては宗教よりももう少し身近な、いわゆる人文系学問の話から始めたいと思います。

私は大学で「文学部」に入学し、そこを卒業しました。しばしば誤解されていますが、文学部というのは「文学」部ではなくて、「文」学部です。英語では Faculty of Letters と言い、そこで扱われるのは、日本の大学の場合は大きく哲学、歴史学、文学の三部門です。哲学ののなかでは、さらに西洋哲学、倫理学、東洋哲学、芸術学、宗教学などに細分化され、歴史学のなかでは、日本史学、東洋史学、西洋史学、考古学などに細分化されていきました。文学部といっても、小説や詩歌などの文学作品だけを扱うわけではありません。そこでは、広い意味での文学、歴史学、哲学に加えて、社会学、心理学、文化人類学などが扱われることもあります。要するにこの分野は、「人間」および「文化」について探求するものだと言っていいでしょう。

こうした人文系学問といいますと、社会では何の役にも立たない趣味のようなものと思われがちですが、決してそうではありません。例えば、典型的な人文系学問の研究成果として、ルース・ベネディクトの『菊と刀』という有名な日本文化論があります。これは、ベネディクトが個人的な興味で始めた研究ではなく、彼女が第二次大戦時に戦争情報局に入って、文化人類学者としてアメリカの対日軍事戦略に貢献するよう求められて行った研究、つまり戦争に勝つための研究でした。語学はもちろん、文化人類学も、宗教学も、戦争の役に立ってきました（この点については、拙著『すべてが武器になる――文化としての〈戦争〉と〈軍事〉』をご参照ください）。人文系学問は、もちろん平和の役にも立ちます。歴史や思想の研究は、人類が同じ過ちを繰り返さないようにするためにも、非常に重要なものです。

ところが、最近では、こうした人文系学問については、直接的にビジネスにつながらないというだけでなく、現実のさまざまな問題に有効な提言が出来ていないとか、単なる権威主義になっているのではないかとか、研究者が自らの言動を相対化出来ていないとか、さまざまな批判もなされています。それらについてはここでは触れませんが、実は、これまでこれらの学問は、人としてよりよい生き方ができるようになることを究極的な目的とするものであるとも考えられてきたのです。

「ヒューマニティーズ」とは何か

すでに「人文系」という言葉を用いてきましたが、広い意味での文学部的な研究分野は「人文学」とも総称されます。「人文学」は英語ではhumanitiesで、日本では大学によっては日本語名称を「文学部」としつつ、英語名称をFaculty of Humanitiesとしているところもあります。日本における「文学部」と「人文学部」は、実態としてはほぼ同じです。

humanities（人文学）は、humanity（人間性）の複数形ですから、それは文字通り人間に深く関わる学問であることを示しています。humanityという英語は一五世紀にはあらわれていたようで、実はそれはdivinity（神性）に対するものでもありました。「神」と対置されてあらためて「人間」が意識されるわけです。現在の日本語の「人文主義」あるいは「人間主義」「人道主義」という言葉は、英語のヒューマニズムやドイツ語のフマニスムス、あるいはフランス語のユマニスムなどの訳語です。これらの言葉はヨーロッパでも一九世紀に入ってから用いられるようになったもので、しばしば「人間性の陶冶《とうや》」という意味でも解されてきました。ヒューマニティやヒューマニズムなどの元となったラテン語の「フマニタス」には、「人間性」という意味の他にも、「人類愛、博愛、優美、親切、礼節、教養、上品、洗練」などさまざまな意味がありましたので、そこから派生した言葉は多義的に用いられる傾向があったのです。

「ヒューマニズム」はそれぞれの時代に実にさまざまな形態をとりました。いずれにおいても「人間性」「人間らしさ」を尊重しようとはするのですが、その「人間らしさ」は、ときには正反対のような思想・態度としても現れました。例えば、ある人たちは、人間というのは人間を超えた存在、すなわち神との関わりを通してこそ、人間としての自己を見つめ、自己を知ることができる、と考えました。しかし別の人たちは、自分たちは人間である以上、自然的な素質を伸ばしていくことこそが大切だと考えます。そしてまたある人は、科学や技術などの面での合理性を徹底的に追求していくことによって人間性を拡充しようとしましたが、別の人たちは、科学や技術の発達は人間をその奴隷のようなものにしてしまい、結局人間を幸福にはしないので、ヒューマニズムにおいては世界の合理化や機械化に抵抗することも含まれねばならないと考えたりもしました。「人間性」を大切にするという大枠に異議を唱える人は稀《まれ》ですが、何をもってして人間性の維持・尊重とするのかにつきましては、非常に複雑な議論の歴史があります。

「人間性」と「教養」

「フマニタス研究」（studia humanitatis）という言葉もあり、それは紀元前一世紀のキケロにまでさかのぼります。キケロは「フマニタス」の語を「寛大、穏和、親切」などの徳を示す言葉として用いると同時に、「教養、知的洗練」といった個人の成長や完成を指す言葉としても用いました。彼は人間性を陶冶するための学芸を「自由学科」（doctrina liberalis）と呼び、それは青少年の心を教養（フマニタス）と徳（ウィルトゥス）に向けて形成するための学術（アルス）であるとしました。現在でいうところの「リベラル・アーツ」の元は、このあたりにまでさかのぼります。

古くから「人間性」と「教養」は切り離せないものとされたわけですが、キケロたちよりも数百年前の古代ギリシアで、すでに「パイデイア」という言葉でそれと近い意味のことが考えられていました。「パイデイア」は日本語では「教養」「教育」に対応する語ですが、そこでもしばしば「人間が人間として善くなること」が目指されたのです。紀元前五世紀のソクラテスは、人間にとって大切なのは自分の「魂の面倒をみること」「魂をできるだけすぐれたものにすること」だと考えていました。その弟子であるプラトンは、『法律』という著作で「教育」(パイデイア)について論じています。彼がそこで「教育」の目的としたのは、経済的利益の獲得などを見据えた職業的な技術を教えることではなく、広い意味での徳を身に着けさせることでした。プラトンと同時代のイソクラテスも教育について論じており、やはり彼が目指したのも、節度ある交わりを保ち、不幸に負けず、成功においても調子にのらず、精神の調和を維持して、日常生活で健全な判断をなしうるような、そんな人間を育てること、つまりは「人間としての善さ」だったのです。

「フマニタス研究」という用語はキケロ以降長い間用いられなかったようですが、ルネサンス期に再び用いられるようになります。当時の人々は、古典ギリシア＝ローマの哲学や文学の研究を通して、幅広い教養を身につけ、人間性(フマニタス)を陶冶しながら、新しい文化形成の活力を得ようと考えるようになりました。「フマニタス研究」はかつてギリシア人が「パイデイア」と呼んでいたものと重ね合わされて、徳における学問と訓育、あるいは人類に相応《ふさわ》しい探求、活動であるとみなされたのです。

人文系学問に期待されていたもの

さて、ごちゃごちゃと述べてまいりましたが、より厳密に「人文学とは何か」を問うていこうとしますと、それと「人文科学」(human sciences = 人間科学)との関係についても触れねばなりません。また、そもそも「教育」「教養」とは何か、何であるべきかという問題、さらに「文化」「文明」の概念や、一二世紀からの「大学」の歴史などについても見ていく必要があります。これらの点については、詳しくは、安酸敏眞の『人文学概論』がとても良い本なので、詳しくはそちらをご参照ください。今ここでは、これ以上「人文学」の形成や発展の歴史を見ていくことはいたしません。

ただ、重要なのは、すでに言いましたように、まず「フマニタス」には「人間性」という意味の他に、「人類愛、親切、礼節、教養」などの意味もあるということです。そして「教養」も、単なる知識量の問題ではなくて、専門分野の枠を超えて人としての生き方を問われる際に問題や状況を適切に判断する力、あるいは総合的な洞察力や理解力のことであるともされてきた、ということです。人文系の学問の究極的な目標は、単に知識量を誇ったり、論争で相手を言い負かしたりすることではなく、高等円満な人格を養い、人として善い生き方ができるようになることだと意識されてきました。

しばしば、日本のいわゆる大正教養主義の源流として、「ケーベル先生」ことラファエル・フォン・ケーベルの名があげられます。ケーベルは東京帝国大学で哲学、美学、古典語を教えた人物で、典型的な人文系知識人の一人です。彼の弟子としては、西田幾多郎、姉崎正治、波多野精一、和辻哲郎などの哲学者や宗教学者がいます。そんなケーベルは、単に日本の若者に「教養」を授けたという点だけではなく、その崇高な「人格」においても尊敬され、評価されていました。ケーベルの授業は英語やドイツ語で行われ、さらにギリシア語をはじめとする古典語も用いられたので、実は当時の日本の学生たちは彼の授業を十分には理解できていなかったのではないかとも言われています。しかし、それにもかかわらず、ケーベルは学生たちから、豊かな「教養」のみならず、優れた「人格」を兼ね備えた人物として絶大な信頼を得ていたことが、関係者たちの証言からはっきりと確認できます。当時の人々は、学者としてのケーベルの知識だけでなく、彼の風貌や佇《たたず》まいを通して感じられるその「人格」に憧れ、尊敬し、慕いました。実際の彼がどのような人物だったのか細かなところはわかりませんが、当時の日本においても、人文系の優れた「教養」は優れた「人格」とも不可分だ、というイメージがあったわけです。

人文系の学問は、紀元前からルネサンスおよび宗教改革期をへて一九世紀や二〇世紀の日本にいたるまで、総じて「人間とは何か」を問うのみならず、「人間はどうあるべきか」を考えるものであるともされました。それは「人格の陶冶」「人間性の滋養」あるいは「徳の形成」などに資する学問として捉えられ、あるいはそうであることが期待される傾向の強い分野だったのです。

人文系の学者は人格者なのか

では、いわゆる人文系の勉強をした現代の学生たち、あるいは大学の研究者たちは、実際のところ、どのくらいその「人格」が陶冶され、「徳」を身につけられているのでしょうか。文学部や人文学部の教員は、みな優れた人格者ばかりなのでしょうか。

答えは、言うまでもありません。決して人格者ばかりではないのが現実です。二一世紀現在の人文系の研究者たちからすれば、こうしたことを問われること自体が、きつい皮肉だと思われてしまうのではないかと思います。もちろん、なかには立派な人もいます。それは確かなのですが、しかし、では経済学、法学、物理学、生物学など、他の学問分野とくらべて、特に人文系の研究者には優れた人格者が多いのかというと、決してそのような傾向は観察できないと言わざるを得ません（むしろ、他の業界よりも変わり者が多い気配さえあります）。

当たり前といえば当たり前なのかもしれませんが、やはり人は、何か特定分野の勉強や研究をすれば優れた人格を有するようになるというわけではありません。確かに、例えば天文学や生物学を学べば、「宇宙」や「自然」の神秘に感動し、「生命」に対し畏敬の念を持つようになることはあるかもしれません。しかし、ではそうした天文学者や生物学者が必ず人間や自然を大切にする温厚な平和主義者・博愛主義者になるかというと、そうとは限りません。科学者のなかには、例えば、肥料製造の改善に結びつく研究をして食料の増産に大きな貢献をしたフリッツ・ハーバーという研究者がいます。ハーバーはノーベル化学賞も受賞しましたが、彼はその一方で、同時に毒ガス兵器の開発と使用に積極的に関わったことで強く批判もされています。一人の人間が、人間を生かすための研究と、人間を殺すための研究の両方をしたわけです。これは極端なケースかもしれませんが、さまざまな例に鑑みますと、古代の歴史、中世の哲学、近代の文学などを学んだり研究したりしたところで、必ずしも優れた人格の持ち主になるとは限らないのも当然のように思われます。人文系学問が、人格だとか、徳だとか、礼節だとか、そのようなものとの関係を匂わすことは、決して嘘《うそ》ではないにしても、やや過大広告ぎみだったのかもしれません。

では、そうした学問が必ずしも人格形成に結びつかないならば、いったい何のための教育・研究なのかと問われてしまうかもしれません。しかし、人文学およびその他の学問だけが「人格の陶冶」という課題に対して役立たずだというわけではないことも、付け加えておかねばなりません。同じようなことは、それ以外の多くのものにも言えます。

武道やスポーツや芸術で「人格者」になれるのか

例えば、剣道とか、柔道とか、華道とか、茶道とか、日本には「道」の付く文化がいくつもあります。それらにおいては、それぞれの「道」を通して、個々の技術にとどまらず、人としての理想的な佇まいを身につけることがイメージされています。では、それらの「道」を習ったら、実際にその人の振る舞いや人間性も洗練され、人格も素晴らしくなるのでしょうか。現実は、そう単純ではないと思います。中には立派な方もいらっしゃるでしょうが、それも人文系の研究者の場合と同じで、そういう人もいれば、そうでない人もいる、というのが実際のところではないでしょうか。相撲は他のスポーツとちがって明確に「品格」なるものの重視を公言しています。では、学生相撲も含めて、相撲の経験者にはみな平均以上の品格が備わっているのかといえば、そうとも限らないはずです。力士全体のなかで品格のある人の割合は、「品格」という言葉を一切用いない他のスポーツにおける割合とさほど変わらないのではないでしょうか。

では、芸術の分野においてはどうでしょうか。音楽、美術、演劇、文学などです。これらの分野においても、話は同じようなものではないかと思います。一流のピアニスト、ギタリスト、歌手、あるいは画家、彫刻家、役者、小説家のなかには、確かに立派な人格者もいるでしょう。しかし、はっきり言ってそうではないという人もいると思います。歴史上には、人を殺したことで知られる画家もいますし、覚醒剤を使っていた作家もいますし、明らかに変な奴だった作曲家もいます。仮に、ある芸術家が優しくて謙虚ですばらしい人柄であっても、そうした側面がその人の獲得した技術・技能そのものと関係があると証明することは困難です。あくまでも親の教育によって人格者になったのかもしれませんし、あるいは、その分野で成功して人々から称賛されてお金持ちになれたから、精神的に余裕ができて周囲の人々に優しくなれているだけ、という可能性もないわけではありません。

要するに、人文系学問にしても、自然科学にしても、スポーツにしても、芸術にしても、それらの知識や技術を身につけたりそれらに習熟したりすることと、当人の人間性や人格の善し悪しとは、基本的には関係がないのです。逆に、社会的に評価されるような特別な知識や技術は持っていなくても、それでも人間的にはとても素晴らしい人もいるということを、私たちは経験的に知っています。

やっぱり「宗教」なのか

そもそも「人格の陶冶」とか「徳の形成」とは、何なのでしょうか。好きな人に対して優しく接することでしたら、悪人にでも出来ます。それは別にたいしたことではありません。では、人格や徳というのは、単に個人レベルで「いい人」であるかどうかという話ではなく、「よりよい社会の形成と発展に寄与すること」につながらねばならないものと捉えるべきなのでしょうか。しかし、そう考えると、社会的に有用な知識や技術なども重要になってしまい、純粋な「人格」の話からずれていってしまいそうな気もします。

一般論としては、私たち人間において「善意」とは大事なものです。しかし、実際の社会においては、「善意」をもった人たちの「純粋」な行動が、かえって現場を混乱させて事態を悪化させうるということも、私たちは経験的に知っています。何が「善い」のか「悪い」

のか、「人格」とは何か、「徳」とは何か、というのは、よく考えるととても難しいものです。

私たちは、なんとなく雰囲気だけで、よくわからないまま、これらの言葉を叫びがちです。これらについてきちんと考えるには、「人間」や「社会」それ自体について根本的に再考する必要がありそうです。でも、今ここでこの点を深く考察していくと本書のテーマからどんどん話がずれていってしまいます。ここではさしあたり、私たちはいったいどうしたら意図的に自らの精神をより優れたものにし、いわゆる善良な人になることができるのか、という素朴な問いを確認するにとどめておきましょう。

学問でも、武道やスポーツでも、音楽でも美術でも文学でも、人が善良になれるかどうかは保証できないとしたら、やはり「宗教」でしょうか。私たちは、神や宗教を「信じ」たら、いい人、立派な人、人格者になれるのでしょうか。

弱い人々のために無償で働く

キリスト教徒のなかには、確かに素晴らしいとしか言いようのない人が何人もいます。有名な人物を二人だけ紹介しましょう。

まず一人は、すでに第一章でも紹介した人物です。一九一〇年、現在の北マケドニアで、一人の女の子が生まれました。彼女は一八歳で修道院に入り、やがてインドに派遣されます。修道女となった彼女は終身請願をたて、「シスター・テレサ」と呼ばれるようになりました。しばらくはコルカタの聖マリア学院で学校の教師として働きますが、彼女は三六歳のとき「貧しい人のなかでも特に貧しい人々のあいだで働きなさい」という神の声を聞きます。彼女はそれを実行しようとしますが、なかなか修道院からその活動をするための許可がおりません。三八歳になったときに、ようやく教皇庁から特別に修道院外で居住・活動する許可がおりました。そこでシスター・テレサは西洋風の修道服を脱いで、粗末なサリー（インドの女性服）を身に着け、青空教室をやったり、スラムで貧者、病人、行き倒れの人の世話をしたりするなどの活動をはじめました。そして四〇歳の時に、「神の愛の宣教者会」という修道会の結成が教皇庁に認められ、その時から彼女はそのリーダーとして「マザー・テレサ」と呼ばれるようになりました。捨てられた子供、貧しい人、死にかけている人のそばに寄り添う活動に全生涯を捧《ささ》げたその生き方には、誰もが一目を置くのではないかと思います。

　マザー・テレサのつくったいくつもの施設には、今でも一年中、世界各地からボランティアが集まって活動をしています。私も勤務先の大学の学生二〇名を連れて、海外研修の引率として、彼女が作った施設を訪れたことがあります。マザー・テレサという人は、弱い立場の人たちのために無償で働くという活動があるということ、あるいはそれに徹した生き方があるということを、世界中に知らしめたのでした。そうした活動をしてきたのはもちろんマザー・テレサだけではありませんが、彼女の現代社会に対するインパクトは非常に大きかったと思います。

身代わりになって死んだ神父

もう一人、マキシミリアノ・コルベという名の神父をご存知でしょうか。彼はポーランドのカトリック司祭で、一九三〇年には日本にも来て、長崎に修道院を設立しました。その約一〇年後に彼はポーランドに戻るのですが、そこで反ナチス的であるとの理由で捕まり、アウシュヴィッツの強制収容所に送られてしまいます。その年、一九四一年の夏に、たまたま彼と同じ獄舎から逃亡者が出ました。それに激怒した収容所長は、二度と逃亡者が出ないようにするための見せしめとして、同じ獄舎から無作為に一〇名を選び、飢餓牢《きがろう》に入れることにしました。その時、その一〇名に選ばれてしまった一人の男は、妻や子供がいることを泣きながら訴えました。それを見て哀れに思ったコルベは、自分はカトリックの司祭で妻も子供もいないからと言って、その男の身代わりになることを申し出たのです。それは聞き入れられ、コルベたちはその飢餓牢に入れられました。そこでは、水も食べ物も一切与えられません。彼らは長期間の飢えと渇きに苦しみます。しかし、最後の最後まで、コルベは他の囚人たちの精神的な支えとなって、死んでいきました。彼は四七歳でした。

キリスト教徒のなかからは、時折こうした人物が現れます。そのためキリスト教会としては、こうした信徒たちの生き方を、お手本といいますか、キリスト教の素晴らしさの証拠のようなものとして紹介します。現にこうした人たちがいたし、今でもいます。私も個人的に、あるキリスト教徒の温かさ、優しさに支えられたり、助けられたりしたことがあります。そうした人たちの善良さが、彼らの信仰と不可分であることも実感しています。

しかし、「こういう立派な人がいた」という良い例をあげてキリスト教に対して肯定的なイメージを与えようとするやり方は、必ずしも良い策ではないような気もします。というのは、逆に、「キリスト教徒にはこういう酷《ひど》い奴がいた」という悪い例をあげることもできてしまうからです。実は、そうした例も枚挙にいとまがありません。ちょっと気がとがめる部分もあるのですが、いくつかあげてみましょう。

生徒に鞭打つ聖職者

映画『チャーリーとチョコレート工場』の原作者として著名な、ロアルド・ダールという英国の作家がいます。彼は『少年』という自伝的作品を残しているのですが、そのなかで、自分が子供時代に学校教師から受けたさまざまな体罰について触れています。ノルウェーからの移民の子としてウェールズで生まれたダールは、もっぱら英国で学校教育を受けました。体罰というのは現在ではタブー視されていますが、かつてはわりと許容されていたもので、一九一六年生まれのダールも、行儀の悪い生徒をしつけるためにはそれもある程度は必要だと認めていました。そんな彼は一三歳の時にレプトン校というパブリックスクールに入るのですが、彼は自伝でその校長の体罰について三ページほどを費やしています。というのも、そのレプトン校の校長による体罰は、彼の目にも異常だと映ったからです。

ダールによれば、「この男」は生徒にズボンをおろさせて校長室のソファに腹ばいにさせ、まず鞭《むち》で尻に痛烈な一撃を与えました。それから鞭を置いて、のんびりとパイプに煙草《たばこ》をつめながら説教をします。そして再び鞭を取って二発目をくらわし、それからマッチをすってパイプに火をつけてから、なおも説教を続けながら三発目の鞭を振り下ろしました。こういう調子で一〇回も鞭を打ち、すべてが終わると洗面器とタオルを持ち出して、犠牲者に尻の血を拭いてズボンを上げることを許した、といいます。幼いダールにとって驚きだったのは、それが単に学校の先生、校長先生だったからというだけでなく、その男が聖職者であり、後にたいそう有名な人物になった点でした。彼はレプトン校で校長を務めた後にチェスターの主教になり、それから後、さらに昇進してロンドンの主教になり、それからやがてはカンタベリー大主教に就任したのでした。「カンタベリー大主教」というのは、英国教会における最上位の聖職者です。彼は後に、ウェストミンスター寺院におけるエリザベス女王の戴冠式で中心的な役割も担いました。

ダールは自伝で「当時の彼は校長であると同時に一人の平凡な聖職者であり、学校のほの暗い礼拝堂に坐《すわ》って、彼が神の仔羊《こひつじ》や慈悲や赦《ゆる》しについて説くのを聞いていると、わたしの幼い頭は完全に混乱してしまうのだった」（永井淳訳、以下同）と述べています。その男がいかに信仰について語ろうとも、生徒を鞭で打つときには「赦し」も「慈悲」のかけらもなかったことをダールはよく知っていました。そして、彼は次のように述べています。

「わたしが宗教はおろか神さえも疑うようになったのは、このことが原因だったと思う。もしもこの人物が神に選ばれた地上のセールスマンの一人だとしたら、宗教というものはどこか間違っている、とわたしは自分にいいきかせたものだった」

ある人物についての評価は、特にそれがネガティブなものであれば、慎重に扱う必要があります。同校の卒業生のなかには、この校長の人柄や能力を褒める人もいるようです。ダールの証言だけでもってこの人物について決めつけてしまわない方がいいでしょう。しかし、著名な作家が明らかに個人を特定できる形で一人の高位聖職者を非難し、その男こそが原因で自分は宗教も神も疑うようになったと述べていることは、無視はできないと思います。

ラフカディオ・ハーン「お大の場合」

もう一つ、別の例をあげましょう。

ラフカディオ・ハーン（小泉八雲）の名は、『怪談』などを通してみなさんもよくご存知だと思います。ハーンは、日本の文化を共感をもって理解してくれた最初の西洋人だったと言ってもいいと思います。ただし、日本の精神文化を丁寧に受け入れてくれた彼には、同時にキリスト教嫌いの側面もありました。ハーンは日本に来てから、ほぼ一貫して日本の宗教的伝統の側に立ってキリスト教絶対主義の宣教師を批判したので、宣教師たちもハーンを嫌ったようでした。しかしハーンのキリスト教に対する疑いと宣教師嫌いは、必ずしも根拠のないものではありません。彼は「お大の場合」と題する短い話を書き残しています。次のような内容です。

英国から、日本に二人の女宣教師がやってきました。二人はお大という若い女にクリスチャンになるよう説き伏せました。そして、宣教のための助手として月々三円で雇うことも約束してくれたのです。というのも、お大は読み書きができたので、自分たちの宣教の役に立つと考えたからです。身寄りのないお大にとっても、生活のために宣教師から賃金を得られるのは重要なことでした。世間の人々は、お大がクリスチャンになること自体については何も気にしませんでした。異国の女の真似をするなんて馬鹿な娘だと笑っただけでした。ところが、その女宣教師たちは、お大に家族の位牌《いはい》を捨てることも命じます。それは異教の象徴だったからです。当時の宣教師たちは、そのようなことを当然だと考えていました。お大は、位牌というものがどれだけ大切なものかもちろんよくわかっていましたので、死んだ家族を思い出し、涙を流します。しかし結局宣教師たちに命じられたとおり、彼女はそれを川に捨てたのでした。

周囲の人々は、お大がキリスト教に改宗したときはただ笑っていましたが、彼女が位牌を捨てたとわかると、笑うのをやめました。さすがにそれはしてはいけないことだと人々は憤り、見過ごすことができなくなったのです。人々は、お大は孝行という至高の徳に背いたとみなし、無言の有罪宣告を下しました。そんな人間とはもう普通の付き合いはできないとして、徹底的に彼女を無視するようになりました。つまり、いわゆる村八分にしてしまったのです。

述べたように、女宣教師たちはお大を助手として雇って賃金を支給することを約束していました。お大を自分たちの宣教活動に利用しようと考えていたわけです。ところが、しばらくすると、思っていたほどお大は役に立たないことがわかってきました。すると、彼女らはある日突然お大に対し、もう自分で生きていきなさい、などと言って突き放そうとしたのです。自分たちはこれから別の土地へ向かうけれど、あなたを連れて行くことは出来ない、と言いました。お大は驚いて、自分はここではもう職など見つけられないと言い、村八分のため身の危険さえあることも説明します。しかし、女宣教師たちは「勇気をだして、正しい道をすすみなさい」、「勤勉で正直な人なら、仕事がみつけられないということはありえません」などと言うだけで、彼女の置かれた状況を理解しようとしません。お大の言うことを信用せず、むしろ彼女は堕落して単にお金を欲しがっているだけなのだとみなします。そして結局、冷酷にも彼女を路頭に追い出してしまったのでした。もうお大は家財も売ってしまっており、持ち物は着ている着物一枚と数足の足袋しかありません。絶望した彼女に残された道は、一つしかありませんでした。すなわち、自分自身の体を売るはめになったのでした。ハーンはこの作品の最後を次のような文章で結んでいます。

「こうしてお大は、都会にうずまく肉欲の坩堝《るつぼ》のなかに投げ込まれ、永久に消えた。……おそらく彼女は、外国の宣教師の誰もが努力して理解しなければならない事実の、一例を示すためにのみ存在した女だったのだろう」（池田美紀子訳）。

つまりこの作品では、キリスト教宣教師たちによる現地の文化に対する無理解、想像力の欠如、自己中心性、独善性、そしてそれに翻弄されてしまった現地人の不幸が描かれているわけです。実に胸糞《むなくそ》の悪い話ですが、これはハーンの創作ではなく、松江で実際にあった話のようです。別の資料から、英国からやって来たこの二人の女宣教師というのが、どの教派の誰と誰だったのかも特定できています。この作品自体がキリスト教批判を目的として書かれたとは言い切れませんが、他の自伝的文章などからも、ハーンがキリスト教に対して極めて懐疑的だったことは間違いありません。

聖職者たちによる加害

最近の話に目を向けてみましょう。

キリスト教界では、二〇〇〇年ごろから聖職者の小児性犯罪が大きく報じられるようになりました。新聞やテレビ、ネットのニュースとしてだけでなく、その問題をテーマとした映画も複数作られ、こうした問題があることは教会関係者以外のあいだでも周知のものとなりました。各地で調査が行われ、例えばフランスでは二〇二一年に「教会における性的虐待についての独立委員会」が最終報告書を提出しています。それによれば、一九五〇年からの約七〇年間で、なんと二一万六〇〇〇人もの子供たちがカトリックの聖職者による性暴力被害を受けており、聖職者ではない教会関係者も含めますと、被害者総数は三三万人にも膨らむことが判明しました。加害者である聖職者は推定で三〇〇〇人とされています。これは、かつては一部の聖職者による個人的資質の問題だとされる傾向にありましたが、事態が明らかになるにつれて、やはり教会組織の構造的問題なのではないかと考えられるようにもなっていきました。

こうした問題はカトリックだけではなく、プロテスタント教会においても少なくありません。プロテスタントではこの種の問題以外にも、教会の人事や運営をめぐって裁判が起こされている例もあります。教会というのも、やはり人間の集まりである以上はさまざまな問題があります。当人たちのあいだだけでは解決できず、法廷で争うようになることも珍しくありません。

教会でも人間関係の衝突がある

現代の日本の教会でも、さまざまなトラブルがあることが報告されています。キリスト新聞社が発行している『ミニストリー』という雑誌があります。毎号カラー刷りの約九〇ページからなる季刊誌で、タイトルの脇には「次世代の教会をゲンキにする応援マガジン」と書かれています。毎号、日本のキリスト教関係者向けに多様な記事が載せられており、牧師のみならず著名な大学教授も寄稿したりインタビューに答えたりしているなど、総じて信頼できるものです。かつてこの雑誌で、「私が教会を離れた理由」という特集が組まれたことがありました（二〇一八年八月号）。教会では、普段から「愛し合いましょう」「赦し合いましょう」と綺麗《きれい》な言葉が口にされます。しかし、実際には、教会の中でも人間関係のさまざまな葛藤や衝突があります。その特集では、数人の信徒たちの「教会を離れた理由」が生々しく語られており、その内容はわりとショッキングなものでした。

まず、父親が牧師だったある女性は、所属教団が約束していた基本給を支払ってくれないなど、経済的な嫌がらせを受け続けていたことを述べています。そして牧師である父に対してのみならず、自分を含めた家族に対しても、教会員たちからひどい中傷や脅迫を受けていたことについて、具体的な証言をしています。また、厳しいキリスト教徒の両親のもとで育った別の男性は、一時は牧師になりたいと考えるようになったのですが、それを伝えた教会の牧師からの過剰な指導で鬱病になってしまったことについて告白しています。彼が後に就職した先は、いわゆるブラック企業でした。物理的および精神的に拘束される毎日が続き、疲弊していったといいますが、そこで彼が気づいたのは、そのパワハラが横行していたブラック企業は、今まで自分がかかわってきたキリスト教会のありようと「そっくり」であることだったといいます。

同じく『ミニストリー』の別の号（二〇一六年二月号）には「私が牧師を辞めたワケ」というインタビュー記事も載っています。日本では牧師のなり手が少なく、後継者不足に悩む教会が多いのですが、そもそも牧師への待遇が悪く、信徒たちも牧師に対して甘えすぎている面があるようです。インタビューに答えた元牧師は、まず経済的な問題を指摘しています。彼の場合は、牧師館があって独身だったからどうにかなったとのことですが、それでも謝儀が月に一万円もないことがあったといいます。ある時、歯の治療に二万円が必要だったのにそれが払えなくて「みじめで泣きたくなりました」と語っています。また彼によれば、教会には年寄りが多く、普段は礼拝に来ないのに総会のときだけはやって来る古参の教会員がいるといいます。その人は総会の場で、一人で延々と世相や教会に対する批判のような演説をしてしまうので、適当なところで話を切ろうとすると、怒鳴り散らして暴れるなど、牧師が対応に困る信徒も少なくないとのことでした。

経済的な問題も、人間関係の問題も、教会では「神の愛」とか「赦し」といった虚飾の言葉でごまかされてしまい、現実的な解決がはかられず、結局は放置されてしまうところに問題があるようです。聖職者によって傷つけられる信徒がいることはもちろん深刻な問題ですが、同時に、聖職者の方にも深刻な悩みがあり、経済的な不遇や理不尽な人間関係ゆえに、病んでしまう牧師や、辞めてしまう牧師も少なくありません。

信仰は人を善人にする魔法ではない

さて、ロアルド・ダール、ラフカディオ・ハーン、そしてカトリック神父の性犯罪、日本の教会内でのトラブルなど、さまざまな例をあげました。こうしたものをたて続けに紹介しますと、教会に行ったことのない非キリスト教徒の人たちには間違った印象を与えてしまうかもしれません。誤解しないでいただきたいのですが、ほとんどの教会員たちは仲良くやっています。こうした例は、むしろ珍しいからこそ注目されたり報道されたりしてしまうだけで、あくまでも稀なケースであることをご理解いただきたいと思います。私の個人的な印象としては、現在の日本のキリスト教徒は、総じて真面目で、温厚な人が多く、驚くほどの善人もいます。知的レベルが極めて高い人も少なくありません。ただ、私がここで指摘しておきたいのは、「信仰」があるつもりの人も、人間である以上は決して完璧ではありえない、という極めて単純な事実です。「信仰」さえあれば人格者になれるわけではありませんし、「神を信じている人たち」が集まっていればそのグループの人間関係は平和であるというわけではないのです。信徒の側も、非信徒の側も、「信仰者」に過度な期待をし過ぎるから、傷ついたり、頭にきたり、あるいは病んでしまったりする、ということも少なくないように思われます。

信仰があれば誰もが「いい人」になれるのであれば、あらゆる人に信仰を強制すればいい話ですが、しかし実際にはそんなことはできません。そもそも、何をもってして「信仰がある」とみなせるのかもわかりません。自分で「自分には信仰がある」と思っていて、他者からもそのようにみなされていても、人間が二人以上集まれば争いやトラブルが生じるのは当たり前です。人間は、過ちを犯し、誰かを傷つけ、あるいは対立したり争ったりするものであり、常にそうした可能性を持っていることは宿命というしかありません。人間は死ぬまで人間です。信仰はすべての人を「いい人」にする魔法ではなく、神を「信じ」たところで人格者になれるとは限りません。

ダビデ王の悪事

実は、こうしたことは、ユダヤ教徒もキリスト教徒も、大昔から知っていました。というのも、そうした実例が聖書に書かれているからです。

旧約聖書にダビデという人物が出てきます。ミケランジェロによる巨大な彫刻作品でも有名な彼です。救世主をあらわす称号の一つとして「ダビデの子」という言い回しもありますし、英語圏では今でもデヴィッドという名前の人がたくさんいるように、聖書の登場人物のなかでも最も人気のある一人です。しかし、そんな彼も、実はけっこうひどいことをしたことが聖書には包み隠さずに記されています。

ある日、ダビデは偶然一人の美女を見かけます。その美女は自分の部下の妻だとわかったのですが、ダビデは一目《ひとめ》惚《ぼ》れをしてしまったので、彼女を呼び出して、こっそり関係をもってしまいます。しかしその後、彼女が妊娠したとわかり、ダビデは慌てました。そこでダビデは部下たちに、彼女の夫をわざと戦闘の激しい場所に送ってそこに置き去りにし、戦死させるよう命令します。恐ろしい陰謀ですが、実際にそのように実行されてしまいました。その部下は命を落とし、こうしてダビデは死んだその部下の美人妻を安心して自分のものにしたのでした。後に神は、預言者の口を通してそのことを厳しく叱責します。そこでようやくダビデは、自分がやらかしたことの非道さを自覚し、自らに戦慄したのでした。

これは、一人の男のかなりクズなエピソードに見えるだけかもしれません。しかし、私たちも正直に自分のこれまでの人生を振り返ってみますと、悪いことをしたのにその時は悪いと気付かないでいた、ということは少なくないような気がします。これはダビデだけの稀な例なのではなく、信仰があろうがなかろうが、人間にとってほぼ普遍的な傾向なのではないでしょうか。中国の『淮《え》南子《なんじ》』に由来することわざで、「五十にして四十九年の非を知る」

というのがあります。五〇歳になって、ようやくこれまでの四九年間の過ちや愚かさに気付き、後悔し、反省する、という意味です。正しい人生を送ってきたつもりでも、実際には決してそうではない、というのはほとんどの人に言えることではないでしょうか。私たちは、しばらくしてからでないと、自分がやった悪いことや、自分の未熟さに気付かないものです。常に正しい判断をして、常に正しく行動し、正しい実績だけをそろえて人生をまっとうすることなど人間にはできません。明らかにけっこう悪いことをしても、その時にはなかなか「悪い」と気付くことができず、そのくせに、他人の小さな悪にはやたらと敏感だったりするものです。

無宗教者・無神論者であれば善人になれるのか

「平和を祈りましょう」「愛し合いましょう」「赦しあいましょう」などと説いている教会の内部でも、わりとどろどろとした問題があることについて、無宗教者や無神論者の方たちは、納得がいかないというか、苛立《いらだ》ちのようなものさえ感じるかもしれません。そうした感情を抱くことは自然だと思います。しかし、では、神など信じないようにすれば善人になれるのかというと、そういうわけでもありません。神を信じていても人は人を傷つけ、大きな過ちを犯しますが、神を信じていなくて宗教とは関わりがなくても、人は人を傷つけたり、過ちを犯したりします。善人になるための普遍的な方法を、人間はまだ知りませんし、今後も知りえないでしょう。

そもそも、何をもってして「善人」とか「いい人」とか「立派な人」とか、あるいは「あの人には徳がある」などと判断できるのか、信頼できる基準もありません。人間は、自分についても、他人についても、正しく評価することができません。日本の選挙などを見ていてもわかるように、どんなに変な人物にも、なぜかファンや支持者は付くものです。逆に、どんなに善良な人に対しても、悪口を言う人はいます。人間というのは、そういうものなのだと考えるしかないのかもしれません。

プラス面もマイナス面もある

現在、地球上のあらゆる場所にキリスト教の教会があります。あまり知られていませんが、南極にも教会があります。キリスト教の広まり具合は、他の宗教とくらべて突出していると言っていいでしょう。もしキリスト教という宗教が、文字通り「右の頰を打たれたら左の頰も向ける」ような人たちばかりから成っていたとしたら、世界中にキリスト教を広めることなど不可能で、むしろキリスト教徒は早い段階で絶滅していたでしょう。実際のキリスト教は、他宗教を迫害し、反対者を抹殺し、戦争を繰り返し、植民地支配を行い、そうして物資を手に入れ、権力を手にし、仲間を増やしてきました。キリスト教が他国でやった残虐行為については、ラス・カサスの『インディアスの破壊についての簡潔な報告』などが有名です。世界各地に住む人類は、それぞれ言語も気候も食べ物も異なり、政治的背景も経済的状況も違います。歴史や伝統が大きく異なる遠くの国や地域にもキリスト教を広めることができたのは、はっきり言って、けっこう乱暴なこともしてきたからです。

　しかし、その一方で、キリスト教徒たちにはとても温かな側面があったことも事実です。宣教師や信徒たちは、世界宣教の過程で、救貧活動、医療活動、教育の普及など、極めて人道的な活動もしてくれました。それによって命を救われた人、家族を助けてもらった人、人生を豊かなものにしてもらった人は大勢おり、感謝すべきことは多くあります。日本でも、宣教師たちが貧しい人々を救い、高度な医療を伝え、語学はもちろん数学や物理学などの学問やその他さまざまな技術も教えてくれました。さらに、廃娼《はいしょう》運動、女子教育、孤児院の運営、刑務所の改善など、日本の庶民のための福祉にも熱心に取り組んでくれました。個々の司祭、牧師、信徒のなかには、人生のほとんどを弱い人を励ますことに捧げて死んでいった人たちが大勢いました。今でもいます。そうした人たちの生涯を知ると、鳥肌が立つほど感動します。彼らに対する感謝、信頼、あるいは彼らから受けた感化、感動があるからこそ、日本を含めた世界中で信仰が絶えないというのも確かだと思います。

キリスト教徒であることにこだわらない

要するに、キリスト教の歴史全体を眺めれば、そこにはプラスの面もありますし、同時にマイナスの面もあるのです。明らかに善い側面がある一方で、明らかに悪い側面もあるので、この宗教文化を全体としてはどう評価すればいいのか、正直に考えようとすればするほど、迷ってしまいます。しかし、矛盾のように見える全体がこの宗教文化の現実なので、どちらかの一面だけを強調して他方を無視することは、評価として不誠実です。重要なのは、人間は信仰を持っていても、いなくても、善い面もあれば悪い面もあり、さまざまな矛盾や限界を抱えながら生きていく、という単純な事実を認めることではないでしょうか。キリスト教史のなかには美しい部分もあれば醜い部分もありますが、それは、そもそも人間というもののなかに、美しい部分も醜い部分も、両方ともあるからだと思います。

「キリスト教」は、時代的にも地域的にも広がりが大きすぎて、関わっている人も多すぎて、もはや一つの宗教として単一的な評価を下すことはできません。「キリスト教は素晴らしい」と全肯定することはできませんし、「キリスト教はダメだ」と全否定することもできないのです。それらはいずれも、歴史や現実の一部だけを見ることでなされる偏見に過ぎません。ですから、信徒たちは、そうした矛盾の歴史や中途半端な実態に耐えなくてはなりません。言い方を換えますと、キリスト教徒は「キリスト教徒である」という自覚やアイデンティティそれ自体にはあまりこだわり過ぎない方がいいと思うのです。

これまで、時代・地域・文化が極めて多様ななかで、膨大な数の「キリスト教徒」たちが生きてきました。彼らのあいだで見られた、温かさも冷たさも、真実も出任せも、正気も狂気も、もはやキリスト教徒に特有なものというよりは、人間一般にほぼ普遍的に見られるものとして捉えることもできるような気がいたします。「キリスト教の歴史」は、その宗教を「信じ」ているか否かにかかわらず、善くも悪くも人間の人間らしいところを網羅したカタログのようなものとして眺めることができるのではないかと思うのです。この宗教を「信じ」ていようがいまいが、誰もがこのカタログを通して、究極的には自分自身を見つめることができるのではないでしょうか。

キリスト教用語に「原罪」という言葉があります。英語では「オリジナルな罪」（original

sin）と言い、アダムとエバの犯した罪に由来すると説明されますが、噛《か》み砕いて言うならば、人間の本来的な堕落、人間ならではの不完全性、あるいは矛盾や限界と言ってもいいかもしれません。そうしたものが誰の中にもあるというのならば、キリスト教のなかに「原罪」という観念があるというよりも、「原罪」があるからこそ、人々はキリスト教文化というものを生み、育んできたように見えなくもありません。

愛とは面倒くさくて嫌なもの

私たちは、「人類全体」を愛するのは、わりと簡単なのではないかと思います。この世の「すべての人間」を抽象的に思い浮かべて「愛と平和」を祈ったり叫んだりするのは誰にでもできますし、気分がいいものです。そういう「祈り」をしている善良な自分自身について、うっすらと感動さえするかもしれません。しかし、では、学校や職場で顔を合わせる一人ひとりに対して、毎日具体的に丁寧に「愛」をもって接することができるかというと、それはけっこう難しいのではないでしょうか。私たちは、観念としての「人類全体」は愛せますが、肉声や息遣いが伝わる距離にいる個性をもった具体的な一人ひとりに対して常に愛をもって接することは、非常に難しいというのが実際のところではないかと思います。ドストエフスキーは『カラマーゾフの兄弟』のなかで、登場人物に次のように言わせています。

「自分は人類を愛しているけれど、われながら自分に呆《あき》れている。それというのも、人類全体を愛するようになればなるほど、個々の人間、つまりひとりひとりの個人に対する愛情が薄れてゆくからだ」（原卓也訳）

これはまさに、私たち人間の痛いところを突いた指摘ではないかと思います。

繰り返しになりますが、私たちは、いくら人文学や、社会科学や、自然科学などの学問を積んでも、「いい人」にはなれません。スポーツや武道の稽古をしても、音楽や美術や文学に親しんでも、やはり「いい人」になれるとは限りません。宗教も同じで、いくら信仰を持っているつもりでも、何をやっても、やはり「立派な人間」にはなれません。私たちは、自分に対して優しくしてくれる人や、利益をもたらしてくれる人のことは「好き」なので、てっきり「愛」というものを知っていると思い込んでいます。また、自分と自分の好きな人だけは守りたいから、「正義」というものを知っていると思い込んでいます。でも実は、私たちは誰もがけっこう自分勝手で、見栄っ張りで、独善的です。自分の善と他人の悪は巨大に見えて、自分の悪と他人の善は微小に見えてしまうのが人間です。

　私たちは、成功している他人のことは、羨ましいと思うだけでなく、妬ましくさえ思います。そうした人がちょっとつまずいたり、不祥事をしでかしたりすると「しめしめ」と思い、でも表面的には神妙な顔でその人を批判し、自分だけはこれまで誰も人を傷つけたことがなくて、ダークな気持ちを抱いたことも一度もないかのように振る舞います。自分の立場や名誉を守るためであれば、積極的に嘘をつくことには躊躇《ちゅうちょ》しても、本当のことをあえて黙っていたりするくらいのことはします。人はみな、自分自身では直視できないような、狡《ずる》さ、醜さ、愚かさを両手いっぱいに抱えていて、けっこう重たいのにそれをなかなか手放しません。

　おそらく普通の人間には、純粋な「愛」なんて無理なのではないでしょうか。本当の愛とは、自然と湧き起こるキラキラとした感情ではなく、敵をも愛するような泥臭いものだからです。だからこそ、イエスはあえて「互いに愛し合いなさい。これがわたしの命令である」と言って、愛を「命令」したのでしょう（ヨハネによる福音書15：17）。軍人が部下の兵士たちに対して、突撃を命令するのと同じです。人間にとって愛とは、「命令」されないと取り組めないようなものだということです。愛とは、人間の本性からすれば、とても面倒で、難しくて、はっきり言って嫌なことだとさえ感じるはずのものなのだと思います。そうでなければ、わざわざ「命令」されません。

愛も憎しみも、人間は知らない

私たちは、この世のすべての人間を愛することはできません。でも、すべての人間を憎むこともできません。プラス方向にもマイナス方向にも、どちらに対しても中途半端な存在で、善人にも悪人にもなりきれません。それは、絶望と言えば絶望ですが、希望と言えば希望であるようにも思われます。

現実の私たちは、他人に対しては完璧を求めますが、自分自身は不完全なままです。だから、謝らないと生きていけませんし、赦してもらわないと生きていけません。ある作家が、人がその一生を終えるときにこの世に言い残したいと思う最期の言葉は、煎じ詰めれば「ごめんなさい」と「ありがとう」と「さようなら」の三つに尽きるのではないか、という主旨のことを言っていました。死ぬ前に、家族や知人に対して、心から「あの時はごめんね」「今までありがとうね」と言い残す時のような、そんな心境でもし毎日の生活を送ることができるならば、私たちはもう、立派な人間でありたいなどという欲望も忘れて、結果的に、少しはまともな人間でいられるかもしれません。

私たち人間に掲げられる目標は、せいぜいそのあたりが限界であって、これ以上のものは無理でしょう。私たちの日常生活はそれなりにバタバタしているものですから、家庭でも、職場でも、常にそのような気持ちで周囲の人々と接することは実際にはとても難しいと思います。でも、できるかぎり、そうであろうとするならば、キリスト教徒として信仰が「ある」とか「ない」とか、神を「信じる」とか「信じない」とか、もうそんな自己申告や他者からの評価にはこだわらなくていいのではないか、と私は思います。

私たちは宗教について考えるとき、つい「信じる」か「信じない」か、という選択を自らに迫ってしまいます。しかし、「信じる」ことにこだわらず、「信じない」ことにもこだわらなくていいのではないかとも思うのです。宗教の歴史は、宗教によって救われた人がいたことも、宗教によって傷つけられた人がいたことも、ともに証言しています。ですから、大事なのは、「宗教」という究極の「人間的な営み」をとおして、人々が問うたり悩んだりしてきたもの、あるいは「宗教」それ自体から滲《にじ》み出ている人間のいかんともしがたい矛盾や限界を、ただ素直に見つめることだと思います。

信じるか、信じないか、という二択にあわてて答える必要はありません。いっそ、死ぬまで未回答のままでもいいのかもしれません。もし神さまがいるのだとしたら、そうした優柔不断な私たちをも、温かく見守ってくださるのではないでしょうか。

あとがき

これまで、宗教という営みの謎については、歴史学・哲学・社会学・心理学など、さまざまな角度から考察されてきました。宗教学者たちによる研究は今後も続きます。しかし、私たちが宗教を理解し尽くすことは、おそらくないでしょう。宗教は、人間ならではの営みのなかでも最たるものなので、それについて理解し尽くすということは、人間そのものを理解し尽くすということでもあるからです。それは、人間自身には不可能です。本書は、そうした無理を承知のうえでの試みでした。

本書の狙いは、「はじめに」でも述べた通り、「信じる」という言葉の意味やその行為の曖昧《あいまい》さについて問い、宗教という営みの「わからなさ」を通して、人間そのものについて考えるきっかけを提供することです。そうした狙いのものである以上、毒にも薬にもならないような書き方をしてもしょうがないと思い、あえて少々大胆な論じ方もさせていただきました。哲学者のショーペンハウアーが言うように、思想というのは、あくまでも自分で思索してそこにたどり着いた人にとってのみ、価値があるものです。哲学者たちの名前や特殊な用語を覚えることよりも、まずは自分の先入観や常識をいったんわきに置き、「なぜだろう」「そういえばよくわからないな」と疑問に気付くことの方が、はるかに大事だと思います。本書がそのような気付きのきっかけになれば幸いです。

私はいつもこうした本を書くとき、つい大量の原稿を書いてしまう癖があります。今回も、構想やメモの手書きノートは三冊になり、当初の原稿はこの本の二倍以上の分量になっていました。もっと多くの思想や事例など、紹介したい話題や情報はたくさんありました。しかし、自分が知っていることを片っ端から盛り込んだだけでは、ただの自己満足にしかなりません。それでは読む方も、途中で疲れて飽きてしまうでしょう。そのため、削りに削って、なんとかこの分量におさめたという次第です。

読者の皆様のなかで、すでに宗教についていろいろ考えてこられた方々からすれば、本書には深掘りの足りない部分や、触れるべきなのに触れられていない事柄もあったかもしれません。また、細かな説明は省略してなるべく平易な議論を心がけましたが、それによってかえって誤解が生じないか心配な部分もあります。私の考え方や疑問の持ち方に同意できないという部分もあるかもしれません。しかし、そうした部分に対する不満、あるいは反感も含めて、今後あらためて宗教や人間について考えるきっかけにしていただければと思っております。本書を手にとって下さり、どうもありがとうございました。

最後になりましたが、本書執筆にあたり、大変有益なご助言を下さった筑摩書房の伊藤大五郎さんに、御礼を申し上げます。原稿を仕上げるにあたり、いくつもの鋭いご指摘をいただき、とても助かりました。どうもありがとうございました。

二〇二二年　秋　大阪にて

石川　明人

ちくまプリマー新書

316
なぜ人と人は支え合うのか
——「障害」から考える

渡辺一史

障害者を考えることは健常者を考えることであり、同時に自分自身を考えること。なぜ人と人は支え合って生きるのかを「障害」を軸に解き明かす。

317
ある若き死刑囚の生涯

加賀乙彦

キリスト者として、歌人として、生と死に向き合った死刑囚・１９６８年の横須賀線電車爆破事件の犯人純多摩良樹の後半生の壮絶な生き様を豊富な資料を元に描く。

351
「さみしさ」の力
——孤独と自立の心理学

榎本博明

自分の内面に目が向かう青年期。誰とも違う個別性の自覚とともに、痛切な「さみしさ」が生まれてくる。この感情の様相をとらえつつ、自立という問題を考察する。

363
他者を感じる社会学
——差別から考える

好井裕明

他者を理解しつながろうとする中で、生じる摩擦熱のようなものが「差別」の正体だ。「いけない」と断じて終えるのでなく、その内実をつぶさに見つめてみよう。

386
「日本」ってどんな国？
——国際比較データで社会が見えてくる

本田由紀

家族、ジェンダー、学校、友人、経済・仕事、政治・社会運動について世界各国のデータと比較し、日本がどんな国か考えてみよう。今までの「普通」が変わるかも⁉

ちくまプリマー新書415

宗教《しゅうきょう》を「信《しん》じる」とはどういうことか

二〇二二年十一月十日　初版第一刷発行

著者　石川明人（いしかわ・あきと）

装幀　クラフト・エヴィング商會

発行者　喜入冬子

発行所　株式会社筑摩書房
東京都台東区蔵前二－五－三　〒一一一－八七五五
電話番号　〇三－五六八七－二六〇一（代表）

印刷・製本　中央精版印刷株式会社

ISBN978-4-480-68439-4 C0214 Printed in Japan